스포츠산업론

정균근 | 임정일 | 임성진 | 이경환

대경북스

1판 1쇄 인쇄 2026년 3월 5일
1판 1쇄 발행 2026년 3월 10일

발행인 김영대
펴낸 곳 대경북스
등록번호 제 1-1003호
주소 서울시 상동구 천중로42길 45(길동 379-15) 2F
전화 (02)485-1988, 485-2586~87
팩스 (02)485-1488
e-mail dkbookss@naver.com

ISBN 979-11-7168-143-3 03690

머리말

스포츠는 오랫동안 경기와 참여의 영역으로 인식되어 왔지만, 오늘날 스포츠는 분명한 산업으로 자리 잡았다. 경기장 안에서 펼쳐지는 승부는 미디어를 통해 전 세계로 확산되고, 선수의 움직임은 데이터가 되며, 팬의 열정은 시장을 형성한다. 스포츠는 이제 단순한 활동이 아니라, 기술·문화·경제가 결합된 복합 산업 생태계로 발전하고 있다.

『스포츠산업론』은 이러한 변화 속에서 스포츠를 산업의 관점으로 이해하기 위한 입문서이자 기초 이론서이다. 본 교재는 스포츠를 둘러싼 다양한 현상을 단편적으로 설명하는 데 그치지 않고, 스포츠산업이 어떤 구조와 논리 속에서 형성되고 발전해 왔는지를 체계적으로 제시하고자 하였다. 이를 통해 독자는 스포츠를 감정과 경험의 대상이 아닌, 분석과 이해의 대상으로 바라보는 시각을 갖게 될 것이다.

이 책은 스포츠산업의 개념과 발전 과정에서 출발하여, 산업 구조와 경제적 특성, 정책과 법·제도, 참여 산업과 관람 산업, 용품과 미디어, 경영과 마케팅, 인력과 커리어, 글로벌 동향과 미래 비전에 이르기까지 스포츠산업 전반을 단계적으로 다룬다. 이는 스포츠산업이 단일 분야가 아니라 상호 연결된 다층적 산업 체계임을 이해하도록 돕기 위함이다.

특히 스포츠산업은 공공성과 상업성이 공존하는 독특한 산업이다. 한편으로는 국민의 건강 증진과 사회 통합에 기여하는 공익적 성격을 지니고, 다른 한편으로는 글로벌 시장에서 경쟁하는 고부가가치 산업이기도 하다. 이러한 이중적 특성은 스포츠산업을 이해하는 데 있어 균형 잡힌 시각을 요구한다. 본 교재는 이러한 특성을 반영하여 이론적 설명과 산업 현실을 함께 다루고자 노력하였다.

또한 스포츠산업은 빠르게 변화하고 있다. 디지털 기술의 발전, 미디어 환경의 변화, 데이터 활용의 확대, 지속 가능성에 대한 요구 증대는 스포츠산업의 구조와 운영 방식을 새롭게 재편하고 있다. 이 책은 현재의 산업 구조를 이해하는 데 그치지 않고, 스포츠산업의 미래를 준비하기 위한 기초적 시각을 제공하는 데에도 목적을 둔다.

『스포츠산업론』이 스포츠를 전공하는 학생들에게는 산업 전반을 조망하는 기본서가 되고, 스포츠 관련 진로를 준비하는 이들에게는 방향을 제시하는 안내서가 되기를 바란다. 아울러 스포츠를 산업의 시각으로 이해하고자 하는 모든 독자에게 이 책이 의미 있는 통찰과 새로운 관점을 제공하기를 기대한다.

스포츠는 여전히 사람의 몸과 감정, 그리고 공동체의 경험을 중심에 두고 있다. 그러나 그 위에 산업과 기술, 시장과 제도가 더해지면서 새로운 가치가 만들어지고 있다. 이 책이 그 복합적인 세계를 이해하는 데 작은 길잡이가 되기를 바라며, 독자 여러분의 배움의 여정에 의미 있는 동반자가 되기를 소망한다.

차 례

제2부 스포츠산업의 구조와 특성

제3부 스포츠산업 정책과 제도

제4부 스포츠 참여 산업

제5부 관람 스포츠와 이벤트 산업

제6부 스포츠 용품·웨어 산업

제7부 스포츠 미디어·콘텐츠 산업

제8부 스포츠산업 경영과 마케팅

제9부 스포츠산업 인력과 직무

제1부

스포츠산업의 이해

제1장
스포츠산업의 개념

제1절 스포츠산업의 정의

1. 스포츠산업의 기본 개념

스포츠산업이란 스포츠 활동을 중심으로 형성되는 재화와 서비스의 생산, 유통, 소비가 체계적으로 이루어지는 산업 영역 전체를 의미한다. 이는 스포츠가 단순한 신체 활동이나 여가 행위를 넘어, 경제적 가치를 창출하는 산업 활동으로 기능하고 있음을 전제로 한다. 다시 말해 스포츠산업은 스포츠를 매개로 한 경제 활동의 총체이며, 개인·조직·사회 차원에서 다양한 경제적 효과를 발생시키는 구조를 갖는다.

전통적으로 스포츠는 체력 단련, 놀이, 교육, 공동체 의식 형성의 수단으로 인식되어 왔다. 그러나 현대 사회에서 스포츠는 시장을 통해 거래되고, 고용을 창출하며, 부가가치를 생산하는 산업적 성격을 강하게 띠게 되었다. 스포츠산업은 이러한 변화의 결과로 등장한 개념이며, 스포츠의 사회·문화적 가치와 경제적 가치가 동시에 작동하는 복합 산업이라 할 수 있다.

2. 스포츠산업 정의의 학문적 접근

학문적으로 스포츠산업은 여러 관점에서 정의될 수 있다. 경제학적 관점에서는 스포츠산업을 스포츠 관련 상품과 서비스의 수요와 공급이 이루어지는 시장 체계로 이해한다. 경영학적 관점에서는 스포츠 조직과 기업이 전략적으로 자원을 활용하여 성과를 창출하는 경영 활동의 집합으로 본다. 반면 사회·문화적 관점에서는 스포츠산업을 현대 사회의 가치, 정체성, 문화 소비를 반영하는 산업 현상으로 해석한다.

이러한 다양한 접근을 종합하면, 스포츠산업은 "스포츠 활동을 중심으로 형성된 산업적 가치 창출 시스템"으로 정의할 수 있으며, 이는 단일 산업군이 아닌 다층적·융합적 산업 구조를 지닌다는 점에서 특징적이다.

제2절 스포츠와 산업의 결합 과정

1. 전통 사회에서의 스포츠와 비산업적 성격

전통 사회에서 스포츠는 주로 제의적 행위, 군사 훈련, 공동체 놀이의 형태로 존재하였다. 이 시기의 스포츠는 경제적 거래의 대상이 아니었으며, 생산과 소비의 논리보다는 공동체 결속과 신체 단련의 목적이 중심이었다. 따라서 스포츠는 산업 이전 단계의 사회문화적 활동으로 이해될 수 있다.

2. 근대 스포츠의 형성과 상업화의 시작

근대에 들어 스포츠는 규칙의 표준화, 경기 조직의 체계화, 종목별 협회와 리그의 형성을 통해 제도화되기 시작했다. 이 과정에서 스포츠는 관람의 대상이 되었고, 관중은 입장권을 구매하는 소비자로 전환되었다. 이는 스포츠가 처음으로 시장 논리에 편입되는 계기가 되었으며, 스포츠의 상업화가 본격적으로 시작된 시점이라 할 수 있다. 산업혁명 이후 도시화, 여가 시간의 증가, 대중교통의 발달은 스포츠 관람 문화를 확산시켰고, 스포츠는 점차 대중 오락 산업의 한 영역으로 자리 잡았다.

3. 현대 스포츠산업의 형성과 확장

20세기 중반 이후 텔레비전과 대중매체의 발달은 스포츠산업의 성장을 결정적으로 가속화했다. 스포츠 중계권은 새로운 수익원이 되었고, 광고와 스폰서십을 통해 스포츠는 거대한 상업적 가치를 창출하는 콘텐츠 산업으로 발전했다.

최근에는 디지털 미디어, 플랫폼, 데이터 기술의 발전으로 스포츠산업은 시간과 공간의 제약을 넘어 글로벌 산업으로 확장되고 있다. 이 과정에서 스포츠는 단순한 경기나 활동이 아니라, 경험·감정·스토리·브랜드가 결합된 복합 상품으로 진화하였다.

제3절 스포츠산업의 범위와 분류

1. 스포츠산업 범위의 확장성

스포츠산업의 범위는 시대와 사회 환경에 따라 지속적으로

스포츠산업의 범위와 분류

구분		세부내용	대표 상품
산업 기능 기준	생산 기능	스포츠 용품·웨어 제조	장비, 의류, 기술 장치
	서비스 기능	시설 운영·지도·교육	체육시설, 코칭
	운영 기능	경기·이벤트 운영	리그, 대회 기획
	유통 기능	용품 판매·티켓 판매	매장, 플랫폼
	미디어 기능	중계·콘텐츠 제작	방송, OTT
	마케팅 기능	스폰서십·브랜드 관리	광고, IP
	지원 기능	경영·정책·인력	행정, 연구
산업 유형 기준	참여 스포츠 산업	시설 산업	공공·민간 체육시설
		지도·교육 산업	지도자, 스포츠 교육
		생활체육 산업	동호회, 클럽
	관람 스포츠 산업	프로스포츠	리그, 구단
		이벤트 산업	국내·국제 대회
	제조 산업	스포츠 용품	장비, 보호구
		스포츠웨어	기능성 의류
	미디어·콘텐츠 산업	스포츠 방송	중계권
		디지털 콘텐츠	OTT, e스포츠
	경영·지원 산업	스포츠 마케팅	스폰서십, 광고
		인력·정책	자격, 행정

확장되어 왔다. 초기에는 경기 운영과 시설 관리 중심이었으나, 현재는 제조, 미디어, 관광, IT, 패션, 헬스케어 등 다양한 산업과 융합되어 있다. 이러한 확장성은 스포츠산업이 고정된 경계를 갖지 않는 개방형 산업임을 의미한다.

2. 핵심 스포츠산업과 연관 스포츠산업

스포츠산업은 일반적으로 핵심 스포츠산업과 연관 스포츠산업으로 구분된다.핵심 스포츠산업은 스포츠 활동 그 자체를 직접적으로 구성하는 산업으로, 스포츠 경기 운영, 스포츠 지도 및 교육, 스포츠 시설 운영, 프로스포츠 리그와 구단, 스포츠 이벤트 산업 등이 포함된다.

연관 스포츠산업은 스포츠 활동을 지원하거나 스포츠를 매개로 확장되는 산업으로, 스포츠 용품과 스포츠웨어 제조, 스포츠 미디어와 콘텐츠, 스포츠 관광, 스포츠 마케팅, 스포츠 데이터 및 IT 서비스 등이 해당된다. 이 영역은 스포츠산업의 외연을 넓히며 새로운 시장을 창출하는 역할을 수행한다.

3. 기타 분류 방식과 가치사슬 관점

스포츠산업은 참여형 스포츠산업과 관람형 스포츠산업, 제조업과 서비스업, 공공 부문과 민간 부문 등 다양한 기준으로 분류될 수 있다. 이러한 분류는 산업 구조를 이해하는 데 도움을 주지만, 최근에는 스포츠산업을 가치사슬(Value Chain)관점에서 분석하는 접근이 중요해지고 있다.

가치사슬 관점에서는 기획, 생산, 유통, 소비, 재생산의 전 과정에서 스포츠가 어떻게 가치로 전환되는지를 분석하며, 이를 통해 스포츠산업의 구조적 특성과 경쟁력을 종합적으로 이해할 수 있다.

제4절 스포츠산업의 학문적 위치

1. 스포츠산업론의 융합 학문적 성격

스포츠산업론은 단일 학문 분야에 속하지 않는 융합 학문이다. 체육학은 스포츠 활동의 본질을 설명하고, 경영학은 조직 운영과 전략을 분석하며, 경제학은 시장 구조와 산업 효과를 해석한다. 여기에 사회학, 법학, 미디어학, 정책학이 결합되면서 스포츠산업론은 다학제적 성격을 갖게 된다.

2. 이론과 실무를 연결하는 응용 학문

스포츠산업론은 순수 이론 학문이라기보다, 이론을 현장에 적용하는 응용 학문의 성격이 강하다. 스포츠 기업 경영, 정책 수립, 시설 운영, 마케팅 전략, 인력 관리 등 실제 산업 현장에서 발생하는 문제를 분석하고 해결하는 데 목적을 둔다.

따라서 스포츠산업론은 학문적 연구뿐 아니라, 산업 현장과의 연계를 통해 지속적으로 발전하는 실천 지향적 학문이라 할 수 있다.

3. 스포츠산업론의 교육적 의의

스포츠산업론은 스포츠산업 전반을 통합적으로 이해할 수 있는 기초 교과목으로서, 이후의 스포츠경영, 스포츠마케팅, 스포츠정책, 스포츠미디어 등 세부 전공 학습의 토대를 제공한다. 또한 스포츠산업 인재 양성의 출발점으로서, 학생들이 산업 구조와 직무를 이해하고 진로를 설계하는 데 핵심적인 역할을 수행한다.

내용요약

제1장은 스포츠산업을 활동이 아닌 산업, 경기가 아닌 가치 창출 시스

템으로 이해하기 위한 이론적 출발점이다. 스포츠산업의 개념, 형성 과정, 범위, 학문적 위치를 체계적으로 정리함으로써 이후 장에서 다루게 될 산업 구조, 정책, 경영, 인력, 미래 논의를 위한 공통의 인식 틀을 제공한다.

제2장
스포츠산업의 발전 과정

제1절 전통 스포츠 활동과 산업화 이전 단계

1. 전통 사회에서의 스포츠 활동의 성격

전통 사회에서 스포츠 활동은 산업적 목적과는 거리가 먼 생활·의례·군사·교육 중심의 신체 활동으로 존재하였다. 수렵과 전투를 위한 신체 훈련, 공동체 결속을 위한 놀이, 종교적 제의와 결합된 경기 등은 모두 스포츠의 원형적 형태라 할 수 있다. 이 시기의 스포츠는 개인의 생존과 공동체 유지에 밀접하게 연관되어 있었으며, 시장을 통한 교환이나 경제적 가치 창출을 전제로 하지 않았다.

스포츠는 자발적 참여와 공동체 규범에 의해 운영되었고, 특정 조직이나 전문 인력이 존재하지 않았다. 따라서 스포츠 활동은 생산과 소비의 논리보다는 사회적 기능과 문화적 의미가 중심이 되는 비산업적 활동으로 이해된다.

2. 산업화 이전 스포츠의 한계와 특징

산업화 이전 단계의 스포츠는 규모의 확대가 제한적이었으며, 규칙과 형식이 지역별로 상이하였다. 기록과 성과의 축적보다는 참여 그 자체에 의미가 부여되었고, 관람의 개념 역시 현재와 같은 대중적 형태로 존재하지 않았다. 이러한 특성은 스포츠가 산업으로 발전하는 데 구조적 한계를 형성하였다.

그러나 동시에 이 시기는 스포츠가 문화적 자산으로 축적되는 시기이기도 했다. 지역 공동체 중심의 스포츠 전통은 이후 근대 스포츠로 전환되는 과정에서 중요한 토대가 되었으며, 현대 스포츠의 상징성과 정체성 형성에 영향을 미쳤다.

제2절 근대 스포츠산업의 형성

1. 근대 사회와 스포츠의 제도화

근대 사회의 형성과 함께 스포츠는 점차 제도화된 활동으로 전환되기 시작했다. 산업혁명 이후 도시화가 진행되면서 여가 시간이 확대되었고, 스포츠는 노동 이후의 여가 활동으로 자리 잡았다. 이 과정에서 스포츠 종목별 규칙이 표준화되고, 협회·연맹·클럽과 같은 조직이 등장하면서 스포츠는 체계적인 관리 대상이 되었다.

제도화된 스포츠는 경기 일정, 규칙, 참가 자격이 명확해지면서 관람과 경쟁을 전제로 한 구조를 갖추게 되었고, 이는 스포츠가 산업적 성격을 띠는 출발점이 되었다.

2. 상업화와 프로스포츠의 등장

근대 스포츠산업 형성의 핵심은 상업화와 프로스포츠의 출현이다. 일부 스포츠 종목에서는 선수들이 직업적으로 경기에 참여하기 시작했고, 관중은 입장권을 구매하는 소비자가 되었다. 이로 인해 스포츠는 서비스 제공자와 소비자가 존재하는 시장 구조를 형성하게 되었다.

이 시기 스포츠는 단순한 신체 활동을 넘어 관람 가능한 상품으로 인식되기 시작했으며, 구단 운영, 경기장 관리, 티켓 판매와 같은 산업적 요소들이 본격적으로 도입되었다. 이는 스포츠산업이 독립적인 경제 영역으로 성장하는 전환점이라 할 수 있다.

제3절 현대 스포츠산업의 특징

1. 대중매체와 스포츠산업의 결합

20세기 중반 이후 대중매체의 발달은 스포츠산업의 구조를 근본적으로 변화시켰다. 특히 텔레비전 방송의 보급은 스포츠를 현장 중심의 활동에서 미디어 중심의 콘텐츠로 전환시켰다. 스포츠 중계는 시청률을 기반으로 광고 수익을 창출하였고, 중계권은 스포츠산업의 핵심 수익원으로 부상하였다.

이 과정에서 스포츠는 시간과 공간의 제약을 넘어 대중에게 전달되었으며, 관람의 범위와 규모는 급격히 확대되었다. 스포츠산업은 경기 운영 중심에서 미디어·광고·스폰서십을 포함하는 복합 산업 구조로 발전하게 되었다.

현대 스포츠산업의 특징

핵심 특징	주요 내용	산업 구조 변화	산업적 의미
대중매체와의 결합	텔레비전·디지털 미디어를 통한 스포츠 중계 확대	현장 중심 → 미디어 콘텐츠 중심	중계권, 광고, 스폰서십이 핵심 수익원으로 부상
	시청률 기반 광고 시장 형성	경기 운영 중심 → 미디어·마케팅 중심 구조	글로벌 시장 확대, 관람 규모 증가
경험 산업화	스포츠를 감정·몰입·공동체 경험으로 소비	결과 소비 → 경험·스토리 소비	팬 중심 시장 구조 형성
	현장 분위기, 팀·선수에 대한 정서적 동일시	경기력 중심 → 브랜드·팬 경험 관리	팬 충성도, IP 비즈니스 강화
산업 간 융합	제조·서비스·미디어·IT·헬스케어와 결합	단일 산업 → 복합 산업 생태계	신시장 창출, 고부가가치 산업화
	스포츠웨어 기술화, 데이터·웨어러블 확대	스포츠 + 관광·교육·건강 산업 연계	산업 외연 확장, 구조의 다층화

2. 경험 산업으로서의 스포츠

현대 스포츠산업의 가장 중요한 특징 중 하나는 스포츠가 경험재이자 감정 소비 산업이라는 점이다. 스포츠 소비자는 단순히 경기 결과를 소비하는 것이 아니라, 현장의 분위기, 선수와 팀에 대한 정서적 몰입, 공동체적 경험을 함께 소비한다.

이러한 특성은 스포츠산업이 다른 산업과 구별되는 핵심 요소이며, 팬 중심의 시장 구조를 형성하는 기반이 된다. 스포츠산업은 경기력뿐 아니라 브랜드, 스토리, 팬 경험 관리가 중요한 경쟁 요소로 작용한다.

3. 산업 간 융합과 다각화

현대 스포츠산업은 제조업, 서비스업, 미디어 산업, IT 산업과의 융합을 통해 빠르게 다각화되고 있다. 스포츠웨어와 용품 산업은 기술 혁신과 결합하여 고부가가치를 창출하고 있으며, 스포츠 관광, 스포츠 교육, 헬스케어 산업과의 연계도 확대되고 있다.

이러한 융합은 스포츠산업의 외연을 확장시키는 동시에, 산업 구조를 더욱 복잡하고 역동적으로 만드는 요인으로 작용한다.

제4절 글로벌 스포츠산업의 성장 배경

1. 글로벌화와 스포츠 시장의 확대

글로벌화는 스포츠사업 성장의 핵심 배경 중 하나이다. 교통과 통신 기술의 발전으로 스포츠 리그와 이벤트는 국경을 넘어 전 세계를 대상으로 운영되기 시작했다. 이에 따라 스포츠산업은 단일 국가의 시장을 넘어 글로벌 소비 시장을 형성하게 되었다.

글로벌 스포츠산업에서는 국제 대회, 해외 중계권, 글로벌 스폰서십이 중요한 수익원이 되며, 스포츠는 국가 이미지와 문화 교류의 수단으로도 활용된다.

2. 기술 발전과 디지털 전환

디지털 기술의 발전은 스포츠산업의 구조와 소비 방식을 크게 변화시켰다. 온라인 스트리밍, 소셜 미디어, 데이터 분석 기술은 스포츠 소비를 실시간·개인화된 경험으로 전환시켰으며, 팬과 스포츠 조직 간의 상호작용을 강화하였다.

이러한 기술적 변화는 스포츠산업을 플랫폼 기반 산업으로 전환시키는 핵심 동력이 되고 있다.

3. 사회적 가치와 지속가능성의 부각

최근 글로벌 스포츠산업에서는 경제적 성장뿐 아니라 사회적 가치와 지속가능성이 중요한 이슈로 부상하고 있다. 스포츠는 건강 증진, 사회 통합, 지역 발전, 환경 보호 등 다양한 사회적 역할을 수행할 수 있는 수단으로 인식되고 있으며, 이는 스포츠산업의 공공적 성격을 강화하고 있다.

이러한 흐름 속에서 글로벌 스포츠산업은 단순한 상업 산업을 넘어, 사회적 책임과 공공성을 포함한 복합 산업으로 재정의되고 있다.

내용요약

제2장은 스포츠산업이 전통 사회의 비산업적 활동에서 출발하여, 근대적 제도화와 상업화를 거쳐 현대의 글로벌·융합 산업으로 발전해 온 과정을 체계적으로 살펴보았다. 스포츠산업의 발전 과정은 사회 구조, 기술 환경, 소비 문화의 변화와 밀접하게 연관되어 있으며, 이러한 역사적 이해는 이후 장에서 다루게 될 스포츠산업의 구조와 정책, 산업별 특성을 이해하는 중요한 기초가 된다.

제2부
스포츠산업의 구조와 특성

제1절 스포츠산업 구조 이해의 필요성

스포츠산업은 단일 산업군으로 설명될 수 없는 복합적·다층적 산업 구조를 지닌다. 스포츠 경기, 용품 제조, 시설 운영, 미디어, 교육, 관광 등 다양한 영역이 스포츠를 매개로 연결되어 있으며, 이들 간의 상호작용을 통해 산업 전체가 작동한다. 따라서 스포츠 산업을 이해하기 위해서는 개별 산업을 나열하는 방식이 아니라, 구조적 관점에서 산업의 기능과 역할을 분석할 필요가 있다.

스포츠산업 구조 분석은 다음과 같은 목적을 가진다. 첫째, 스포츠산업을 구성하는 세부 영역과 기능을 체계적으로 파악할 수 있다. 둘째, 산업 간 연계와 가치 창출 과정을 이해할 수 있다. 셋째, 정책 수립, 기업 전략, 인력 양성의 기초 자료로 활용될 수 있다. 이러한 이유로 스포츠산업 구조에 대한 이해는 스포츠산업론의 핵심 주제라 할 수 있다.

제2절 기능별 스포츠산업 구조

1. 기능별 구조의 개념

기능별 산업 구조란 스포츠산업을 수행되는 기능과 역할을 기준으로 구분하는 방식이다. 이는 스포츠산업이 어떤 활동을 통해 가치를 창출하는지를 중심으로 산업을 이해하는 접근으로, 산업 내부의 역할 분담과 상호 의존성을 파악하는 데 유용하다.

기능별 구조에서는 스포츠산업을 일반적으로 크게 생산 기능, 운영 기능, 지원 기능, 확산 기능 등으로 구분할 수 있다. 각 기능은 독립적으로 존재하는 것이 아니라, 상호 연결되어 스포츠산업 전체의 가치 창출에 기여한다.

2. 주요 기능별 스포츠산업 영역

스포츠산업은 하나의 활동이 아니라, 여러 기능이 연속적으로 연결되어 가치를 창출하는 복합 산업 체계이다. 제품이 만들어지고, 서비스가 제공되며, 경기가 운영되고, 콘텐츠가 확산되고, 브랜드 가치가 형성되며, 이를 뒷받침하는 경영과 제도가 결합되는 구조를 가진다. 이러한 흐름은 스포츠산업의 기능별 가치사슬로 이해할 수 있다.

1) 생산 기능 (Production Function)

생산 기능은 스포츠 활동에 필요한 물리적·기술적 기반을 창출하는 단계이다. 이 영역에서는 스포츠 용품, 장비, 의류, 기술 장비가 개발·제조된다. 최근에는 웨어러블 센서, 경기 분석 장비, 스포츠 데이터 장치 등 첨단 기술 제품도 포함된다.

이 기능은 스포츠산업의 출발점이자, 다른 모든 산업 기능의 토대가 된다. 경기와 참여, 관람, 미디어 콘텐츠 역시 이러한 제품이 있어야 가능하다. 따라서 생산 기능은 스포츠산업의 기초 인프라 산업으로 볼 수 있다.

2) 서비스 제공 기능 (Service Function)

서비스 기능은 스포츠를 직접 경험할 수 있도록 환경과 전문성을 제공하는 단계이다. 체육시설 운영, 피트니스센터, 스포츠 아카데미, 지도·코칭 서비스가 이에 포함된다.

이 영역은 스포츠 참여 인구 확대와 직결되며, 스포츠산업의 수요 기반을 형성한다. 즉, 스포츠를 '소비'하는 사람이 늘어날수록 다른 기능 영역도 함께 성장한다. 서비스 기능은 스포츠산업에서 가장 넓은 고용을 창출하는 분야이기도 하다.

3) 경기·이벤트 운영 기능 (Event Operation Function)

이 기능은 스포츠를 공식적 경기와 이벤트의 형태로 조직·운영하는 단계이다. 프로스포츠 리그 운영, 구단 관리, 대회 기획, 경기 진행, 기록·심판 운영 등이 포함된다.

이 단계에서 스포츠는 단순 참여 활동을 넘어, 관람과 콘텐츠 생산이 가능한 형태로 전환된다. 즉, 스포츠를 산업적 가치가 있는 이벤트로 만드는 핵심 기능이다.

4) 유통·판매 기능 (Distribution Function)

유통 기능은 스포츠와 관련된 제품과 경험을 시장에 전달하는 단계이다. 스포츠 용품 판매, 온라인 쇼핑몰, 경기 티켓 판매, 라이선스 상품 유통 등이 여기에 해당한다.

이 기능은 생산과 소비를 연결하는 역할을 하며, 스포츠산업의 수익 실현이 이루어지는 중요한 단계이다. 특히 디지털 플랫폼의 발달로 유통 구조는 빠르게 변화하고 있으며, 글로벌 시장 접근성이 크게 확대되고 있다.

5) 미디어·콘텐츠 기능 (Media & Content Function)

이 기능은 스포츠를 콘텐츠로 전환하여 확산시키는 단계이다. 경기 중계, 하이라이트 영상, 분석 프로그램, 스포츠 다큐멘터리, e스포츠 콘텐츠 등이 포함된다.

스포츠는 미디어를 통해 물리적 경기장을 넘어 전 세계로 확산된다. 이 기능은 스포츠의 관람 가치를 극대화하고, 광고·스폰서십·브랜드 가치 상승으로 이어지는 핵심 연결 고리이다.

6) 마케팅·브랜드 기능 (Marketing & Branding Function)

마케팅 기능은 스포츠의 상업적 가치를 증대시키는 단계이다. 스폰서십, 광고, 브랜드 관리, IP 사업, 팬 커뮤니티 관리 등이 이에 포함된다.

이 기능은 스포츠를 단순한 경기에서 지속 가능한 브랜드 자산으로 발전시키는 역할을 한다. 팀, 선수, 리그, 이벤트는 모두 브랜드가 되며, 이는 장기적인 수익 구조 형성의 기반이 된다.

7) 경영·지원 기능 (Management & Support Function)

경영·지원 기능은 스포츠산업의 모든 단계를 운영·관리·지원하는 기반 기능이다. 전략 수립, 재무 관리, 인사 운영, 법·제도 관리, 정책 지원, 인력 양성 등이 여기에 속한다.

이 기능은 스포츠산업이 안정적으로 작동하도록 하는 보이지 않는 핵심 축이며, 산업의 지속 가능성을 좌우한다.

3. 기능별 구조의 통합적 의미

스포츠산업은 위의 기능들이 독립적으로 존재하는 것이 아니라, 연결된 가치 창출 흐름을 형성한다.

생산 → 서비스 → 경기 운영 → 유통 → 미디어 → 마케팅 → 경영 지원

이 구조 속에서 스포츠는 단순한 활동이 아니라, 기술·서비스·콘텐츠·브랜드가 결합된 복합 산업 생태계로 발전한다.

제3절 참여형 스포츠산업과 관람형 스포츠산업

1. 참여형 스포츠산업의 개념과 특성

참여형 스포츠산업은 개인이 직접 스포츠 활동에 참여하는 것을 중심으로 형성된 산업을 의미한다. 이 영역은 생활체육, 피

트니스, 레저 스포츠, 학교 체육, 고령자 및 특수 계층 스포츠 서비스 등을 포함한다.

참여형 스포츠산업의 가장 큰 특징은 지속적 참여와 반복 소비에 기반한다는 점이다. 소비자는 일회성 구매자가 아니라 장기적 이용자이며, 서비스의 질과 접근성이 산업 경쟁력을 좌우한다. 또한 참여형 스포츠산업은 건강 증진, 삶의 질 향상과 같은 공공적 가치를 동시에 지닌다.

2. 관람형 스포츠산업의 개념과 특성

관람형 스포츠산업은 스포츠를 직접 수행하기보다는 관람·시청·응원하는 형태의 소비를 중심으로 형성된 산업이다. 프로스포츠 리그와 구단, 스포츠 이벤트, 스포츠 방송과 중계권 시장이 대표적인 영역이다.

관람형 스포츠산업은 경기 결과의 불확실성과 감정적 몰입을 기반으로 작동하며, 팬을 중심으로 한 시장 구조를 가진다. 수익은 티켓 판매, 중계권, 광고, 스폰서십, 라이선싱 등 다양한 방식으로 창출되며, 브랜드 가치와 팬 경험 관리가 핵심 경쟁 요소로 작용한다.

참여형 스포츠와 관람형 스포츠의 차이점

구분	참여형 스포츠	관람형 스포츠
기본 개념	개인이 직접 스포츠 활동에 참여하는 형태	타인의 경기·이벤트를 관람하고 소비하는 형태
산업 성격	서비스 중심 산업	콘텐츠·엔터테인먼트 중심 산업
소비 형태	신체 활동을 통한 경험 소비	경기 관람을 통한 감정·몰입 소비
핵심 산업 영역	스포츠시설, 지도, 교육, 생활체육	프로스포츠, 리그, 구단, 이벤트
주요 제공 가치	건강 증진, 체력 향상, 여가 활동	흥미, 감동, 경쟁, 팬 경험
소비자 역할	참여자(플레이어)	관람자(팬·관중)
공간 기반	체육관, 피트니스센터, 수영장, 스포츠클럽	경기장, 스타디움, 방송 플랫폼
주요 수익원	이용료, 강습료, 회원권	티켓 판매, 중계권, 스폰서십
부가 수익	장비 판매, 프로그램 추가 수강	굿즈, 광고, 라이선싱
수익 특성	소규모 반복 소비	대규모 이벤트 중심 수익
시장 안정성	비교적 안정적 수요	경기 결과에 따라 변동성 큼
소비 동기	건강, 자기계발, 취미	팬심, 팀 충성도, 감정 몰입
기술 영향	웨어러블, 헬스 앱	중계 기술, 미디어 플랫폼
공공성	공공 정책 영향 큼	상업성 비중 큼
사회적 역할	국민 건강 증진, 생활체육 확대	문화 산업, 엔터테인먼트 산업
정책 연계	생활체육 정책, 복지 정책	프로스포츠 정책, 산업 진흥 정책
고용 구조	지도자·시설 종사자 중심	선수·구단·미디어 종사자 중심

3. 참여형·관람형 산업의 상호 관계

참여형 스포츠산업과 관람형 스포츠산업은 구분되지만 상호 독립적인 영역은 아니다. 참여 경험은 관람으로 이어질 수 있고, 관람 경험은 참여 욕구를 자극할 수 있다. 예를 들어 프로스포츠의 인기는 생활체육 참여 확대에 영향을 미치며, 참여형 스포츠 인구의 증가는 관람 시장의 기반을 확장한다.

따라서 스포츠산업 구조를 이해할 때는 두 영역을 분리된 시장이 아닌, 상호 순환적 관계로 인식하는 것이 중요하다.

제4절 제조·서비스·콘텐츠 중심 산업 구조

1. 제조 산업 중심 구조

제조 중심 스포츠산업은 스포츠 활동에 필요한 물적 자원을 생산하는 산업이다. 스포츠 장비, 스포츠 용품, 스포츠웨어 등이 대표적이며, 기술 혁신과 소재 개발을 통해 고부가가치를 창출한다.

이 영역은 글로벌 브랜드 경쟁이 치열하며, 연구개발, 디자인, 생산, 유통이 결합된 복합 구조를 가진다. 제조 산업은 스포츠산업 전체의 기술적 기반을 제공한다는 점에서 중요한 위치를 차지한다.

2. 서비스 산업 중심 구조

서비스 중심 스포츠산업은 스포츠 활동이 실제로 제공·운영되는 영역이다. 스포츠 시설 운영, 피트니스 센터, 스포츠 교육과 지도, 스포츠 이벤트 운영 등이 이에 해당한다.

이 산업은 인적 서비스의 비중이 높고, 소비자 경험의 질이 경쟁력을 좌우한다. 또한 지역 사회와의 연계성이 강하며, 고용 창출 효과가 크다는 특징을 지닌다.

3. 콘텐츠 산업 중심 구조

콘텐츠 중심 스포츠산업은 스포츠를 미디어와 결합하여 콘텐츠로 재구성하는 산업이다. 스포츠 방송, 디지털 영상, 하이라이트, 데이터 콘텐츠, e스포츠 등이 포함된다.

이 영역은 디지털 기술 발전과 함께 급속히 성장하고 있으며, 스포츠산업의 수익 구조를 다변화하는 핵심 역할을 수행한다. 콘텐츠 산업은 스포츠의 가치를 시간과 공간을 넘어 확장시키는 기능을 담당한다.

제5절 스포츠산업 가치사슬(Value Chain)

1. 스포츠산업 가치사슬의 개념

가치사슬(Value Chain)이란 원재료 또는 아이디어 단계에서 최종 소비에 이르기까지 가치가 단계적으로 창출·축적되는 과정을 의미한다. 스포츠산업 가치사슬은 스포츠 활동이 어떻게 경제적 가치로 전환되는지를 설명하는 핵심 개념이다.

2. 스포츠산업 가치사슬의 주요 단계

스포츠산업의 가치사슬은 일반적으로 기획·개발 단계, 생산 단계, 운영 단계, 유통·전달 단계, 소비 단계, 사후 확장 단계로 구성된다.

기획·개발 단계에서는 종목, 리그, 프로그램, 제품, 콘텐츠가 기획된다. 생산 단계에서는 용품 제조, 콘텐츠 제작, 인프라 구축이 이루어진다. 운영 단계에서는 경기, 시설, 이벤트, 서비스가 실제로 제공된다. 유통·전달 단계에서는 미디어, 플랫폼, 마케팅을 통해 소비자에게 전달된다. 소비 단계에서는 관람, 참여, 구매가 이루어진다. 사후 확장 단계에서는 브랜드화, 라이선싱, 데이터 활용 등을 통해 추가 가치가 창출된다.

3. 가치사슬 관점의 의의

가치사슬 관점에서 스포츠산업을 분석하면 개별 산업의 역할 뿐 아니라, 산업 간 연결 구조와 수익 창출 메커니즘을 종합적으로 이해할 수 있다. 이는 스포츠산업 정책 수립, 기업 전략 설계, 직무 분석에 매우 유용한 도구가 된다.

내용요약

제3장은 스포츠산업을 기능, 참여 형태, 산업 유형, 가치사슬이라는 네 가지 관점에서 구조적으로 분석하였다. 스포츠산업은 단순한 산업의 집합이 아니라, 상호 연결된 구조 속에서 가치가 창출되는 시스템임을 이해하는 것이 중요하다. 이러한 구조적 이해는 이후 장에서 다루게 될 스포츠산업의 경제적 특성, 정책, 산업별 분석의 핵심 기초가 된다.

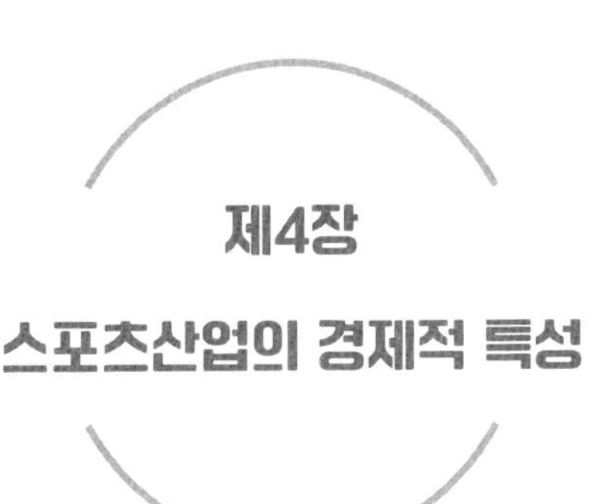

제4장
스포츠산업의 경제적 특성

제1절 스포츠산업과 경제적 특성의 이해

스포츠산업은 제조업이나 일반 서비스업과 동일한 경제 논리로 완전히 설명되기 어려운 특성을 지닌다. 스포츠는 결과의 예측이 어렵고, 소비자의 감정과 정체성이 강하게 개입되며, 지역사회와의 결합도가 매우 높다. 이러한 특성으로 인해 스포츠산업은 전통적인 수요·공급 이론만으로는 충분히 설명되지 않으며, 경험재, 감정 소비, 팬 중심 시장, 지역 경제 파급 효과와 같은 개

념을 통해 이해될 필요가 있다.

본 장에서는 스포츠산업의 핵심적인 경제적 특성을 네 가지 관점에서 살펴보고, 이러한 특성이 산업 구조와 경영 전략, 정책 수립에 어떤 영향을 미치는지를 분석한다.

제2절 경험재로서의 스포츠

1. 경험재의 개념과 스포츠

경제학에서 재화는 일반적으로 탐색재, 경험재, 신뢰재로 구분된다. 이 중 경험재는 소비자가 실제로 소비해 보기 전까지는 품질과 만족도를 정확히 판단하기 어려운 재화를 의미한다. 스포츠는 대표적인 경험재로 분류된다.

스포츠 경기나 스포츠 서비스의 가치는 사전에 완전히 평가될 수 없으며, 관람이나 참여를 통해서만 경험할 수 있다. 동일한 경기라도 관람 환경, 경기 흐름, 개인의 기대와 감정 상태에 따라 만족도가 달라질 수 있다. 이러한 특성은 스포츠 소비가 객관적 기준보다 주관적 경험에 크게 의존함을 의미한다.

2. 경험재 특성이 스포츠산업에 미치는 영향

스포츠가 경험재라는 점은 스포츠산업의 마케팅과 운영 전략에 중요한 영향을 미친다. 소비자는 제품의 기능이나 성능보다 경험의 질을 중시하며, 이는 경기 연출, 시설 환경, 서비스 품질, 팬 참여 요소의 중요성을 강조하게 만든다.

또한 경험재 특성으로 인해 스포츠산업에서는 브랜드 이미지, 명성, 스토리텔링이 중요한 역할을 한다. 소비자는 과거의 경험과 사회적 평가를 바탕으로 미래의 소비를 결정하며, 이는 스포츠 조직이 장기적인 관계 구축에 집중하도록 만든다.

제3절 불확실성과 감정 소비

1. 스포츠의 불확실성과 경쟁 구조

스포츠의 핵심 매력은 경기 결과의 불확실성에 있다. 승패가 사전에 확정되지 않으며, 예상치 못한 전개와 극적인 순간이 스포츠 소비의 가치를 높인다. 이러한 불확실성은 스포츠산업이 지속적으로 관심과 몰입을 유도할 수 있는 근본적인 요인이다.

만약 경기 결과가 예측 가능하거나 일방적인 승부가 반복된다면, 스포츠의 흥미는 급격히 감소하고 시장의 매력도 약화된다. 따라서 스포츠산업에서는 경쟁 균형과 공정성이 산업 지속성의 중요한 조건으로 작용한다.

2. 감정 소비로서의 스포츠

스포츠 소비는 이성적 판단보다는 감정적 반응에 크게 의존한다. 팬은 승리에 기쁨을 느끼고 패배에 좌절하며, 이러한 감정 경험 자체가 스포츠 소비의 핵심 가치가 된다. 스포츠는 단순한 오락을 넘어, 스트레스 해소, 정체성 표현, 사회적 유대 형성의 수단으로 기능한다. 이러한 감정 소비 특성은 스포츠산업에서 가격 탄력성이 상대적으로 낮게 나타나는 현상을 설명한다. 팬은 가격 인상에도 불구하고 팀이나 선수에 대한 애착으로 소비를 지속하는 경향을 보이며, 이는 스포츠산업의 독특한 수익 구조를 형성한다.

제4절 팬 중심 시장 구조

1. 팬의 개념과 소비자 역할의 변화

스포츠산업에서 소비자는 단순한 구매자가 아니라 팬(fan)이라는 특수한 지위를 가진다. 팬은 특정 팀, 선수, 종목에 대해 장기적인 애착과 충성도를 보이며, 반복적·지속적 소비를 통해 산업을 지탱한다.

팬은 경기 관람뿐 아니라 상품 구매, 콘텐츠 소비, 커뮤니티 참여 등 다양한 방식으로 스포츠산업에 참여하며, 때로는 브랜드 공동 생산자로서 역할을 수행하기도 한다.

2. 팬 중심 시장 구조의 특징

팬 중심 시장 구조에서는 고객 유지와 관계 관리가 신규 고객 확보보다 더 중요하게 작용한다. 스포츠 조직은 팬 경험 관리, 커뮤니티 형성, 소통 강화에 많은 자원을 투자하며, 이는 장기적인 수익 안정성으로 이어진다.

또한 팬 중심 시장에서는 사회적 상호작용과 집단 정체성이 소비 결정에 큰 영향을 미친다. 팬은 개인의 취향을 넘어, 집단의 일원으로서 소비를 선택하며, 이러한 특성은 스포츠산업이 다른 산업보다 강한 커뮤니티 기반을 형성하게 만든다.

제5절 지역 경제와 스포츠산업

1. 스포츠산업과 지역 경제의 연계성

스포츠산업은 특정 지역과 강하게 결합되는 특성을 지닌다. 스포츠 시설, 구단, 이벤트는 지역을 기반으로 운영되며, 지역 주민과의 관계 속에서 산업이 성장한다. 이로 인해 스포츠산업은 지역 경제 활성화의 중요한 수단으로 활용된다.

경기장 건설과 운영, 스포츠 이벤트 개최는 관광, 숙박, 외식, 교통 등 연관 산업에 파급 효과를 미치며, 지역 고용 창출과 소득 증대에 기여한다.

2. 지역 정체성과 경제적 가치 창출

스포츠는 지역 정체성과 상징성을 강화하는 역할을 수행한다. 지역 연고 스포츠팀은 주민의 소속감을 높이고, 지역 이미지를 형성하는 데 중요한 자산이 된다. 이러한 정체성은 지역 브랜드 가치를 상승시키며, 장기적으로는 투자 유치와 관광 활성화로 이어질 수 있다.

다만 스포츠산업의 지역 경제 효과는 항상 긍정적인 것만은 아니며, 과도한 투자와 재정 부담, 기대 효과의 과대 평가에 대한 신중한 접근이 필요하다.

내용요약

제4장은 스포츠산업이 경험재, 불확실성 기반 산업, 감정 소비 산업, 팬 중심 시장이라는 독특한 경제적 특성을 지니고 있음을 살펴보았다. 또한 스포츠산업이 지역 경제와 밀접하게 연결되어 있다는 점을 분석하였다. 이러한 경제적 특성에 대한 이해는 스포츠산업의 구조, 정책, 경영 전략을 보다 현실적이고 지속 가능하게 설계하기 위한 필수적인 기초 지식이라 할 수 있다.

제3부
스포츠산업 정책과 제도

제5장
스포츠산업 정책 환경

제1절 스포츠산업 정책의 의의와 범위

스포츠산업은 민간 시장을 기반으로 성장하지만, 동시에 공공성과 사회적 가치를 강하게 내포한 산업이다. 국민 건강 증진, 여가 복지 확대, 지역 균형 발전, 국가 이미지 제고 등 스포츠가 수행하는 기능은 순수한 시장 메커니즘만으로는 충분히 실현되기 어렵다. 이러한 특성으로 인해 스포츠산업은 정부 정책과 제도적 지원을 통해 성장해 온 대표적인 정책 연계 산업이라 할 수 있다.

스포츠산업 정책은 스포츠를 단순한 체육 활동이나 오락의 영역이 아닌, 국가 전략 산업이자 공공 정책 수단으로 인식하는 관점에서 출발한다. 본 장에서는 국가 스포츠산업 정책 체계와 진흥 전략, 공공과 민간의 역할 분담, 지역 스포츠산업 육성 정책을 중심으로 스포츠산업 정책 환경을 종합적으로 살펴본다.

제2절 국가 스포츠산업 정책 체계

1. 국가 스포츠산업 정책의 구조

국가 스포츠산업 정책은 일반적으로 법·제도 → 중장기 계획 → 세부 실행 정책의 구조로 구성된다. 최상위 단계에서는 스포츠산업 진흥과 관련된 법률과 기본 계획이 정책 방향을 제시하고, 그 아래에서 부처별·기관별 세부 정책과 사업이 추진된다.

이러한 정책 체계는 스포츠산업의 안정적 성장과 공공성 확보를 동시에 달성하기 위한 장치로 기능하며, 시장 실패를 보완하고 민간 투자를 유도하는 역할을 수행한다.

2. 스포츠산업 정책의 주요 대상 영역

국가 스포츠산업 정책은 특정 산업 영역에 한정되지 않고, 스포츠산업 전반을 포괄한다. 주요 대상 영역에는 스포츠 시설 인프라 구축, 스포츠 용품 및 스포츠웨어 산업 육성, 프로스포츠 및 이벤트 산업 지원, 스포츠 인력 양성, 스포츠 기술 및 콘텐츠 개발 등이 포함된다.

특히 최근에는 디지털 전환, 스포츠 테크놀로지, 데이터 기반 산업과 같은 신산업 분야가 정책의 중요한 대상으로 부각되고 있다. 이는 스포츠산업이 기존 산업을 넘어 미래 성장 산업으로 확장되고 있음을 보여준다.

제3절 스포츠산업 진흥 전략

1. 산업 기반 조성을 위한 진흥 전략

스포츠산업 진흥 전략의 첫 번째 축은 산업 기반 조성이다. 이는 스포츠산업이 지속적으로 성장할 수 있는 환경을 마련하는 것을 의미하며, 시설 인프라 확충, 제도 개선, 규제 완화 등이 포함된다.

산업 기반 조성은 단기적 성과보다는 중장기적 관점에서 접근해야 하며, 민간 기업이 안정적으로 투자하고 활동할 수 있는 예측 가능한 정책 환경을 제공하는 것이 핵심이다.

2. 경쟁력 강화를 위한 성장 전략

두 번째 축은 스포츠산업의 경쟁력 강화이다. 이는 기술 혁신, 전문 인력 양성, 글로벌 시장 진출 지원 등을 통해 스포츠산업의 질적 성장을 도모하는 전략이다.

스포츠 용품과 스포츠웨어 산업에서는 연구개발과 디자인 경쟁력이 중요하며, 프로스포츠와 콘텐츠 산업에서는 브랜드 가치와 지식재산(IP) 활용 능력이 핵심 요소로 작용한다. 정책은 이러한 경쟁력 요소를 강화하는 방향으로 설계된다.

3. 공공 가치와 산업 성장의 균형

스포츠산업 진흥 전략에서 중요한 또 하나의 요소는 공공 가치와 산업 성장의 균형이다. 스포츠는 상업적 산업인 동시에 공공재적 성격을 지니므로, 정책은 수익성뿐 아니라 국민의 접근성, 형평성, 사회적 책임을 함께 고려해야 한다.

이러한 균형은 스포츠산업 정책이 단순한 산업 육성 정책이 아니라, 사회 정책의 성격을 동시에 갖는 이유를 설명해 준다.

제4절 공공과 민간의 역할

1. 공공 부문의 역할과 책임

공공 부문은 스포츠산업 정책 환경에서 제도 설계자이자 조정자의 역할을 수행한다. 법·제도 마련, 중장기 계획 수립, 공공 인프라 구축, 취약 분야 지원 등이 공공 부문의 핵심 역할이다.

또한 공공 부문은 시장에서 충분히 공급되지 않거나 수익성이 낮아 민간이 참여하기 어려운 영역을 보완함으로써 스포츠산업의 균형 있는 발전을 도모한다.

2. 민간 부문의 역할과 자율성

민간 부문은 스포츠산업의 실질적인 성장 동력이다. 스포츠 기업과 단체는 창의성과 효율성을 바탕으로 시장을 개척하고, 소비자 요구에 대응하며, 산업의 혁신을 주도한다.

정책 환경은 민간의 자율성과 창의성을 저해하지 않으면서, 공공 목적과 조화를 이루도록 설계되어야 한다. 이를 위해 공공

과 민간 간의 협력 구조, 즉 공공-민간 협력(PPP)이 중요해진다.

3. 공공 - 민간 협력의 중요성

스포츠산업은 공공과 민간의 역할이 명확히 분리되기보다, 상호 협력적 관계 속에서 성장한다. 경기장 건설과 운영, 대형 스포츠 이벤트 유치, 지역 스포츠산업 육성 사업 등은 공공과 민간의 협력이 필수적인 영역이다.

효과적인 협력은 재정 부담을 분산시키고, 정책의 실행력을 높이며, 산업 성과를 극대화하는 데 기여한다.

제5절 지역 스포츠산업 육성 정책

1. 지역 스포츠산업 정책의 필요성

스포츠산업은 지역 기반 산업의 성격이 강하다. 스포츠 시설, 구단, 생활체육 서비스, 지역 이벤트 등은 특정 지역을 중심으로 운영되며, 지역 사회와의 연계를 통해 성장한다. 이에 따라 지역 스포츠산업 육성은 국가 스포츠산업 정책의 중요한 축을 이룬다.

지역 정책은 수도권과 비수도권 간 격차를 완화하고, 지역 특성을 반영한 산업 발전을 도모하는 데 목적을 둔다.

2. 지역 특화 스포츠산업 전략

지역 스포츠산업 육성 정책은 획일적 접근이 아니라, 지역 특화 전략을 중심으로 추진된다. 지역의 자연환경, 인구 구조, 기존 산업 기반, 문화적 자산 등을 고려하여 적합한 스포츠산업 분야를 육성하는 방식이다.

예를 들어 생활체육 중심 지역, 스포츠 관광 중심 지역, 특정 종목 특화 지역 등 다양한 형태의 전략이 가능하며, 이는 지역 경쟁력을 강화하는 중요한 수단이 된다.

3. 지역 사회와 스포츠산업의 상생

지역 스포츠산업 정책의 궁극적인 목표는 산업 성장과 지역 사회의 상생 발전이다. 스포츠산업은 지역 주민의 삶의 질 향상, 고용 창출, 지역 정체성 강화에 기여할 수 있으며, 이는 장기적인 지역 발전으로 이어진다.

다만 단기적 성과에 집중한 무분별한 투자보다는, 지속 가능성과 지역 수용성을 고려한 신중한 정책 설계가 요구된다.

내용요약

제5장은 스포츠산업이 정책 환경 속에서 어떻게 성장하고 조정되는지를 살펴보았다. 스포츠산업 정책은 법·제도와 전략을 통해 산업 기반을 조성하고, 공공과 민간의 역할 분담과 협력을 통해 산업 경쟁력과 공공 가치를 동시에 추구한다. 또한 지역 스포츠산업 육성 정책은 국가 스포츠산업의 균형 발전과 지속 가능성을 확보하는 핵심 요소임을 확인하였다.

제6장
스포츠산업 관련 법·제도

제1절 스포츠산업 법·제도의 의의와 역할

스포츠산업은 시장 활동을 기반으로 성장하지만, 공공성과 사회적 영향력이 매우 큰 산업이라는 점에서 법과 제도에 의해 강하게 규율되는 영역이다. 스포츠 활동은 국민의 건강과 안전, 공정 경쟁, 청소년 보호, 지역 사회와의 관계 등 다양한 공익적 요소와 직결되어 있기 때문에, 자유로운 시장 활동만으로는 바람직한 산업 발전을 기대하기 어렵다.

참여형 스포츠와 관람형 스포츠의 차이점

구분	법령명	주요 내용	관련 산업 영역
산업 기본 법령	스포츠산업 진흥법	스포츠산업 육성, 기반 조성, 전문 기업·인력 지원	스포츠산업 전반
	국민체육진흥법	생활체육·전문체육 진흥, 체육지도자 제도, 체육시설 정책	참여 스포츠, 교육 산업
시설·사업 운영 법령	체육시설의 설치·이용에 관한 법률	체육시설 설치 기준, 체육시설업 등록·운영, 안전 관리	피트니스, 스포츠센터, 골프장
	동법 시행령·시행규칙	시설 유형, 면적 기준, 지도자 배치 기준 등 세부 규정	스포츠시설 산업 실무
인력·자격 관련 법령	국민체육진흥법(체육지도자 조항)	스포츠지도사 자격, 보수교육, 지도자 관리	스포츠 지도·교육 산업
	관련 하위 자격 규정	자격 등급, 시험, 윤리 규정	인력 양성 산업
프로 스포츠· 공정성 법령	국민체육진흥법(공정경쟁 조항)	승부조작·도핑 방지, 윤리 규정	프로스포츠 산업
	스포츠윤리 관련 규정	폭력·비리·부정행위 방지	리그·구단 운영
	도핑 방지 관련 규정	금지약물 관리, 선수 보호	엘리트 스포츠
미디어· 콘텐츠 법령	저작권법	스포츠 중계 영상·콘텐츠 권리 보호	스포츠 미디어 산업
	초상권 관련 판례 법리	선수 이미지·광고 활용 권리	스포츠 마케팅
	퍼블리시티권 관련 법리	유명 선수·팀 상업적 이용 권리	IP·라이선싱 산업
경영· 경제 관련 일반 법령	독점규제 및 공정거래에 관한 법률	리그 독점, 중계권 계약, 시장 경쟁 질서	프로리그·플랫폼 산업
	근로기준법	선수·지도자·종사자 근로 조건	스포츠 인력 산업
	노동조합 및 노동관계 조정법	선수협회·노동 분쟁	프로스포츠 고용 구조
	기간제 및 단시간근로자 보호법	계약직·비정규직 보호	이벤트·시설 인력
소비자· 안전· 개인정보 법령	개인정보 보호법	회원 정보, 선수 데이터 보호	스포츠 플랫폼·데이터 산업
	산업안전보건법	시설 종사자 안전	스포츠시설 산업
	소비자기본법	이용자 권리 보호	스포츠 서비스 산업

스포츠산업 관련 법·제도는 이러한 특성을 반영하여 산업의 질서와 공정성을 확보하고, 동시에 지속 가능한 성장을 유도하는 역할을 수행한다. 즉, 법·제도는 스포츠산업을 제한하는 장치이자 성장의 기반으로 작동한다.

제2절 스포츠산업 진흥 관련 법률

1. 스포츠산업 진흥 법률의 목적과 기능

스포츠산업 진흥 관련 법률은 스포츠산업을 국가 차원의 전략 산업으로 육성하기 위한 법적 근거를 제공한다. 이러한 법률은 스포츠산업의 범위를 정의하고, 산업 육성을 위한 정책 수단과 지원 체계를 제도화하는 역할을 한다.

진흥 법률의 핵심 목적은 스포츠산업의 경쟁력 강화, 산업 기반 확충, 전문 인력 양성, 기술 개발 촉진 등을 통해 스포츠산업이 안정적으로 성장할 수 있는 환경을 조성하는 데 있다.

2. 스포츠산업 진흥 정책과 법률의 연계

스포츠산업 진흥 법률은 단독으로 기능하기보다, 국가 스포츠산업 기본계획과 각종 중장기 정책과 연계되어 운영된다. 법률은 정책의 방향성을 제시하고, 정책은 법률에 근거하여 구체적인 사업과 제도로 구현된다.

이러한 연계 구조는 스포츠산업 정책이 일회성 사업에 그치지 않고, 지속성과 일관성을 갖춘 체계적 정책으로 운영되도록 하는 중요한 장치이다.

제3절 국민체육진흥 관련 제도

1. 국민체육진흥 제도의 기본 취지

국민체육진흥 관련 제도는 스포츠를 국민의 기본적인 삶의 영역으로 인식하고, 모든 국민이 스포츠 활동에 참여할 수 있도록 보장하는 것을 목표로 한다. 이는 스포츠를 단순한 산업이나 오락이 아니라, 공공 복지의 한 영역으로 바라보는 관점에서 출발한다.

국민체육진흥 제도는 생활체육 활성화, 학교체육 지원, 취약계층 스포츠 참여 확대 등을 통해 스포츠 참여 기반을 넓히는 역할을 수행한다.

국민체육진흥 관련 제도의 종류와 내용

제도 구분	제도명	주요 내용	스포츠산업과의 연계
재정 지원 제도	국민체육진흥기금	체육 진흥을 위한 국가 재원 조성 및 지원	스포츠시설 확충, 산업 지원 사업 재원
	스포츠산업 지원 사업	스포츠기업 육성, 기술 개발 지원	스포츠 스타트업·중소기업 성장 기반
생활체육 진흥 제도	생활체육 활성화 사업	국민의 일상적 스포츠 참여 확대	참여형 스포츠시장 수요 기반 확대
	스포츠클럽 육성 제도	지역 스포츠클럽 설립·운영 지원	지역 스포츠 서비스 산업 성장
전문체육 진흥 제도	엘리트 선수 육성 지원	선수 훈련, 경기력 향상 지원	프로스포츠·관람 산업 인재 기반
	국가대표 지원 체계	국제대회 출전 지원, 훈련 인프라	스포츠 콘텐츠 가치 상승
체육시설 정책	공공체육시설 확충 사업	지역 체육시설 건립·운영 지원	스포츠시설 산업 활성화
	체육시설 이용 활성화 정책	시설 접근성 향상, 이용료 지원	참여 스포츠 소비 확대
체육 복지 제도	스포츠 취약계층 지원	저소득층·장애인·고령자 스포츠 참여 지원	복지형 스포츠 서비스 시장 형성
	체육활동 바우처	스포츠 활동 비용 지원	참여형 스포츠 소비 촉진
국제교류· 이벤트 제도	국제 스포츠 교류 지원	국제대회 참가 및 교류 사업	글로벌 스포츠산업 네트워크 확대
	국제대회 유치 지원	국제 스포츠 이벤트 개최 지원	스포츠 이벤트 산업 성장
	국제대회 유치 지원	국제 스포츠 이벤트 개최 지원	스포츠 이벤트 산업 성장

2. 국민체육진흥과 스포츠산업의 관계

국민체육진흥 제도는 스포츠산업과 직접적인 연관성을 가진

다. 생활체육과 스포츠 참여 인구의 확대는 스포츠 서비스 산업,

용품 산업, 시설 산업의 수요 증가로 이어지기 때문이다. 즉, 국민 체육진흥 제도는 공공 정책이면서 동시에 스포츠산업의 수요 기반을 확장하는 간접적 산업 정책의 역할을 수행한다.

3. 공공성과 산업성의 조화

국민체육진흥 제도는 공공성을 우선시하지만, 동시에 민간 스포츠산업과의 조화를 필요로 한다. 공공 부문이 모든 스포츠 서비스를 직접 제공하는 것은 비효율적이므로, 민간 참여를 유도하고 협력 구조를 형성하는 것이 중요하다.

이 과정에서 법·제도는 공공 목적을 훼손하지 않으면서도 민간 산업의 성장 가능성을 확보하는 균형 장치로 작용한다.

제4절 체육시설 및 스포츠사업 규제

1. 체육시설 관련 규제의 필요성

체육시설은 스포츠산업의 핵심 인프라로서, 이용자의 안전과 직결되는 공간이다. 따라서 체육시설의 설치·운영에는 다양한 법적 기준과 규제가 적용된다. 이러한 규제는 시설의 안전성 확보, 이용자 보호, 공공 질서 유지를 목적으로 한다.

체육시설 규제는 건축 기준, 안전 점검, 위생 관리, 운영 자격 등 다양한 요소를 포함하며, 이는 스포츠산업의 신뢰성을 유지하는 데 필수적이다.

2. 스포츠사업 규제의 주요 내용

스포츠사업 규제는 스포츠 관련 영업 활동이 공정하고 투명하게 이루어지도록 관리하는 제도적 장치이다. 여기에는 사업 등록·신고 제도, 요금 책정 기준, 소비자 보호 규정, 광고 및 홍보 제한 등이 포함된다.

이러한 규제는 과도한 상업화로 인한 소비자 피해를 방지하고, 스포츠산업 전반의 건전성을 확보하는 역할을 수행한다.

3. 규제와 산업 발전의 긴장 관계

체육시설 및 스포츠사업 규제는 공익 보호라는 긍정적 목적을 가지지만, 동시에 산업 활동의 자유를 제한할 수 있다. 따라서 규제는 필요 최소한의 범위에서 합리적으로 설계되어야 하며, 산업 환경 변화에 따라 지속적으로 개선될 필요가 있다.

최근에는 규제 완화와 제도 개선을 통해 민간 투자와 혁신을 촉진하려는 노력이 병행되고 있다.

제5절 스포츠산업과 법적 쟁점

1. 공정성 및 분쟁 관련 쟁점

스포츠산업에서는 공정 경쟁과 관련된 다양한 법적 쟁점이 발생한다. 선수 계약, 이적 분쟁, 리그 규정 위반, 판정 논란 등은 스포츠의 공정성과 신뢰를 위협할 수 있는 요소이다.

이러한 문제는 스포츠의 특수성을 고려한 분쟁 해결 절차와 제도적 장치가 필요함을 보여준다.

2. 지식재산권과 권리 보호 문제

스포츠산업에서는 중계권, 초상권, 상표권, 콘텐츠 지적권 등 다양한 지식재산권 문제가 중요한 법적 쟁점으로 작용한다. 스포츠 콘텐츠의 상업적 가치가 커질수록 권리 보호와 수익 배분 문제는 더욱 복잡해진다.

적절한 법적 보호는 스포츠산업의 수익 구조를 안정시키는 동시에, 창작과 투자를 촉진하는 역할을 수행한다.

3. 노동·인권 관련 쟁점

스포츠산업 종사자, 특히 선수와 지도자의 노동권과 인권 문제는 최근 중요한 법적·사회적 쟁점으로 부상하고 있다. 계약의 공정성, 근로 조건, 은퇴 이후의 보호 등은 스포츠산업의 지속 가능성과 직결되는 문제이다.

법·제도는 이러한 문제를 해결하기 위한 최소한의 기준을 제시하고, 산업 전반의 책임성을 강화하는 역할을 수행해야 한다.

내용요약

제6장은 스포츠산업이 법·제도라는 제도적 틀 속에서 어떻게 형성되고 운영되는지를 살펴보았다. 스포츠산업 진흥 법률과 국민체육진흥제도는 산업 성장과 공공 가치 실현의 기반을 제공하며, 체육시설과 스포츠사업 규제는 산업의 안전성과 신뢰성을 확보한다. 또한 스포츠산업에서 발생하는 다양한 법적 쟁점은 법·제도가 단순한 규제가 아니라, 산업 지속 가능성을 지탱하는 핵심 요소임을 보여준다.

제4부

스포츠 참여 산업

제1절 스포츠 시설·참여 산업의 개요

스포츠 시설·참여 산업은 개인이 직접 스포츠 활동에 참여하는 것을 전제로 형성되는 산업 영역으로, 스포츠산업 전반의 저변을 구성하는 기초 산업에 해당한다. 이 산업은 국민 건강 증진, 삶의 질 향상, 사회적 통합이라는 공공적 가치를 지니는 동시에, 지속적인 수요와 반복 소비를 특징으로 하는 경제적 산업이기도 하다.

스포츠 시설·참여 산업은 공공 스포츠시설, 민간 체육시설과 피트니스 산업, 무도·생활체육 산업, 고령자 및 특수 계층을 대상으로 한 스포츠산업 등으로 구분할 수 있다. 이러한 구분은 시설의 운영 주체, 서비스 방식, 대상 인구 집단에 따라 산업의 특성과 정책적 접근이 달라진다는 점을 보여준다.

제2절 공공 스포츠시설

1. 공공 스포츠시설의 개념과 기능

공공 스포츠시설은 국가 또는 지방자치단체가 설치·운영하거나 공공의 재정 지원을 받아 운영되는 스포츠시설을 의미한다. 대표적으로 종합운동장, 체육관, 수영장, 생활체육센터, 공원 내 체육시설 등이 이에 해당한다.

공공 스포츠시설의 핵심 기능은 스포츠 참여 기회의 보편적 제공이다. 이는 소득 수준이나 연령, 신체 조건과 관계없이 모든 국민이 스포츠 활동에 접근할 수 있도록 하는 것을 목표로 한다.

2. 공공 스포츠시설의 산업적 역할

공공 스포츠시설은 비영리적 성격이 강하지만, 스포츠산업의

공공 스포츠시설의 종류와 특성

시설 유형	주요 시설	기능	운영 특성	산업적 의미
종합 체육시설	종합운동장, 스포츠콤플렉스	경기·훈련·행사 복합 기능	대규모, 다목적 운영	지역 스포츠 이벤트 산업 기반
실내 체육시설	실내체육관, 배드민턴장, 탁구장	생활체육, 학교 체육	날씨 영향 없음, 이용률 높음	참여 스포츠 활성화
수영장	공공 수영장, 실내 수영센터	수영 교육, 재활, 여가	안전관리 중요, 강습 중심	스포츠 교육·지도 시장 형성
야외 체육시설	축구장, 야구장, 테니스장	경기·동호회 활동	계절·기후 영향	지역 클럽 스포츠 기반
생활체육 시설	국민체육센터, 동네 체육시설	주민 건강·여가 활동	접근성 높음, 저렴한 이용료	참여형 스포츠 수요 창출
특수 목적 시설	장애인 체육관, 노인 체육시설	재활·복지 체육	맞춤형 프로그램 운영	복지형 스포츠 산업 확대

관점에서는 중요한 산업 기반 인프라로 기능한다. 공공 시설은 스포츠 참여 인구를 확대함으로써 민간 스포츠산업의 수요를 창출하고, 지역 스포츠 생태계를 형성하는 중심 역할을 수행한다.

또한 공공 스포츠시설은 지역 행사, 생활체육 프로그램, 스포츠 교육의 거점으로 활용되며, 지역 사회의 스포츠 문화 형성에 기여한다.

3. 공공 스포츠시설 운영의 과제

공공 스포츠시설은 접근성과 공공성을 확보하는 데 강점이 있지만, 재정 부담, 운영 효율성, 시설 노후화와 같은 과제를 안고 있다. 이에 따라 최근에는 위탁 운영, 민관 협력 모델 등을 통해 운영 효율성을 높이려는 노력이 확대되고 있다.

제3절 민간 체육시설과 피트니스 산업

1. 민간 체육시설의 개념과 유형

민간 체육시설은 개인이나 기업이 영리 목적으로 운영하는 스포츠시설을 의미한다. 헬스클럽, 피트니스 센터, 요가·필라테스 스튜디오, 실내 스포츠센터 등이 대표적이다.

이들 시설은 시장 수요에 민감하게 반응하며, 서비스 품질과 차별화 전략을 통해 경쟁력을 확보한다는 특징을 지닌다.

2. 피트니스 산업의 성장과 특성

피트니스 산업은 현대 스포츠 참여 산업 중 가장 빠르게 성장한 분야 중 하나이다. 건강 관리, 체형 개선, 스트레스 해소에 대한 사회적 관심 증가는 피트니스 산업의 지속적인 수요를 뒷받침하고 있다.

민간 체육시설 유형별 특성

구분	헬스클럽	피트니스센터	요가·필라테스 스튜디오	실내 스포츠센터
주요 서비스	근력운동, 유산소 운동	종합 체력관리, PT, GX	자세 교정, 재활, 코어 강화	배드민턴, 클라이밍, 스크린 스포츠 등
시설 규모	중·대형	중·대형 복합시설	소형·전문형	종목별 중형
운영 형태	회원제 중심	회원제 + 프로그램제	소수 정원 수업	시간제 대관 중심
지도 방식	자유 운동 + PT	그룹운동 + 개인 PT	강사 중심 수업	자율 이용 중심
주요 고객층	일반 성인	직장인·다이어트·체형관리	여성·재활·웰니스 수요	동호인·청소년·레저 이용자
수익 구조	회원권, PT	회원권, GX, PT, 부가 서비스	수강료, 개인 레슨	이용료, 장비 대여
서비스 특성	기본 운동 중심	종합 건강관리 서비스	맞춤형·프리미엄 서비스	레저·취미 활동 중심
공간 활용	기구 중심 공간	기구 + 프로그램 공간	소규모 스튜디오형	코트·벽면 등 종목 특화 공간
산업 연계성	건강관리 산업	웰니스·헬스케어 산업	재활·뷰티·의료 연계	레저·생활체육 산업
기술 도입	운동기구 중심	체성분 분석·웨어러블 연동	자세 분석·소도구 활용	스크린·예약 시스템

피트니스 산업은 회원제 기반의 반복 소비 구조를 가지며, 트레이너 인력, 프로그램 다양성, 시설 환경이 산업 경쟁력을 좌우한다. 최근에는 디지털 기술을 활용한 온라인 트레이닝, 맞춤형 프로그램 제공 등으로 산업 영역이 확장되고 있다.

3. 민간 체육시설 산업의 한계와 과제

민간 체육시설과 피트니스 산업은 시장 경쟁이 치열하고, 경기 변동과 소비 트렌드 변화에 민감하다는 한계를 지닌다. 또한 서비스 인력의 고용 안정성, 표준화되지 않은 자격 제도 등 구조적 과제가 존재한다.

이러한 문제를 해결하기 위해서는 제도적 지원과 함께 산업 내부의 자율적 품질 관리 노력이 필요하다.

제4절 무도·생활체육 산업

1. 무도 산업의 개념과 특성

무도 산업은 태권도, 유도, 검도, 합기도 등 전통 및 현대 무도 종목을 중심으로 형성된 스포츠산업 영역이다. 무도 산업은 신체 단련뿐 아니라 인성 교육, 규범 학습, 문화 전승이라는 복합적 가치를 지닌다.

특히 태권도를 비롯한 일부 무도 종목은 국제적 확산을 통해 글로벌 스포츠산업으로 성장하였다.

무도 산업의 종류별 특성

구분	대표 종목	핵심 기능	운영 구조	수익 모델	산업적 특징
전통 무도 교육 산업	태권도, 유도, 검도	인성 교육, 체력 향상, 승급 체계	도장 중심, 사범 지도	월 회비, 승단·승급 심사비	교육 산업 성격 강함
격투 스포츠 산업	복싱, 레슬링, 주짓수	경기력 향상, 체력 훈련	선수·동호인 혼합	회비, PT, 대회 참가비	스포츠 경기 산업 연계
생활 무도 산업	합기도, 호신술, 생활무도	건강·자기방어	성인 취미 중심	수강료, 단기 프로그램	참여형 스포츠 시장 확대
피트니스형 무도 산업	킥복싱 피트니스, 무에타이 피트니스	다이어트, 체형 관리	그룹 트레이닝	회원권, PT	피트니스 산업과 융합
엘리트 선수 육성 산업	전문 체육관, 실업팀	선수 양성, 경기 성과	전문 코칭 시스템	후원, 협회 지원	프로·국가대표 연계
무도 이벤트 산업	격투기 대회, 시범 공연	관람 스포츠	대회 운영 중심	입장권, 중계권, 스폰서	관람형 스포츠 산업
무도 이벤트 산업	격투기 대회, 시범 공연	관람 스포츠	대회 운영 중심	입장권, 중계권, 스폰서	관람형 스포츠 산업

2. 생활체육 산업의 구조와 역할

생활체육 산업은 전문 선수 중심의 엘리트 스포츠와 구별되는 영역으로, 일반 국민의 일상적 스포츠 참여를 기반으로 형성된다. 생활체육 프로그램 운영, 동호회 활동, 지역 스포츠 클럽 등이 이에 포함된다.

생활체육 산업은 스포츠 참여 인구의 확대를 통해 스포츠산업 전체의 기반을 강화하며, 사회적 건강 비용 절감과 공동체 활

성화에 기여한다.

3. 무도·생활체육 산업의 산업적 의미

무도·생활체육 산업은 대규모 수익 창출보다는 지속성과 안정성을 특징으로 하며, 지역 기반 산업으로서의 성격이 강하다. 또한 공공 정책과 민간 산업이 긴밀하게 결합되는 영역이라는 점에서 스포츠산업의 공공-민간 협력 모델을 대표한다.

제5절 고령자·특수 계층 스포츠산업

1. 고령자 스포츠산업의 등장 배경

고령화 사회의 진전은 스포츠산업의 새로운 수요층으로 고령자를 부각시키고 있다. 고령자 스포츠산업은 건강 유지, 질병 예방, 사회적 고립 완화를 목표로 한 맞춤형 스포츠 서비스로 구성된다.

이 산업은 의료·복지 분야와의 연계성이 높으며, 향후 스포츠산업 성장의 중요한 축으로 평가된다.

2. 특수 계층 스포츠산업의 범위

특수 계층 스포츠산업은 장애인, 아동·청소년, 사회적 약자 등을 대상으로 한 스포츠 서비스 산업을 의미한다. 이 영역은 공공 정책의 비중이 크며, 접근성 확보와 안전 관리가 중요한 과제로 작용한다. 특수 계층 스포츠산업은 단기적 수익성보다는 사회적 가치 창출을 중시하며, 스포츠를 통한 포용과 통합의 기능을 수행한다.

3. 포용적 스포츠산업으로서의 의의

고령자·특수 계층 스포츠산업은 스포츠산업의 공공성과 사회적 책임을 가장 잘 보여주는 영역이다. 이 산업의 발전은 스포츠산업이 단순한 시장 산업을 넘어 포용적 산업으로 확장되고 있음을 의미한다.

내용요약

제7장은 스포츠산업 중에서도 참여를 기반으로 한 시설·서비스 산업을 중심으로 살펴보았다. 공공 스포츠시설은 보편적 접근성을 보장하

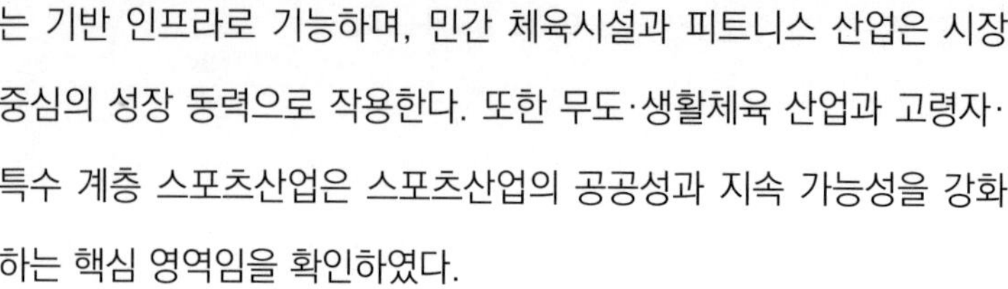

는 기반 인프라로 기능하며, 민간 체육시설과 피트니스 산업은 시장 중심의 성장 동력으로 작용한다. 또한 무도·생활체육 산업과 고령자·특수 계층 스포츠산업은 스포츠산업의 공공성과 지속 가능성을 강화하는 핵심 영역임을 확인하였다.

제8장
스포츠 지도·교육 산업

제1절 스포츠 지도·교육 산업의 개요

스포츠 지도·교육 산업은 스포츠 기술과 지식을 개인과 집단에게 전달하는 활동을 중심으로 형성된 산업 영역이다. 이 산업은 선수 육성, 생활체육 지도, 학교 체육, 전문 교육, 평생교육에 이르기까지 폭넓은 범위를 포괄하며, 스포츠산업 전반에서 인적 자원의 질을 결정하는 핵심 분야로 기능한다.

스포츠 지도·교육 산업의 가장 큰 특징은 서비스 제공의 핵심

이 지도자라는 인적 자원에 있다는 점이다. 시설이나 장비보다 지도자의 전문성, 지도 역량, 윤리성이 산업의 품질과 신뢰도를 좌우한다. 따라서 스포츠 지도·교육 산업은 노동집약적 산업이자 전문직 중심 산업의 성격을 동시에 지닌다.

제2절 스포츠 지도 산업의 구조

1. 스포츠 지도 산업의 개념

스포츠 지도 산업은 스포츠 활동의 기술적·전술적 수행을 지도하고, 참여자의 신체 능력과 운동 수행 능력을 향상시키는 서비스를 제공하는 산업이다. 이는 전문 선수 지도뿐 아니라, 일반인의 건강 증진과 생활체육 참여를 위한 지도 활동을 모두 포함한다.

스포츠 지도 산업은 교육적 기능과 서비스 제공 기능을 동시에 수행하며, 스포츠산업 내에서 성과 창출과 안전 관리라는 두 가지 중요한 역할을 담당한다.

2. 스포츠 지도 산업의 유형별 구조

스포츠 지도 산업은 대상과 목적에 따라 다양한 유형으로 구분

스포츠 지도자의 종류와 특성

지도자 유형	주요 역할	활동 대상	자격 체계	고용 형태	산업적 의미
생활체육 지도자	건강 증진, 기초 체력 지도	일반인, 동호인	국가자격(생활스포츠지도사)	공공시설, 클럽, 프리랜서	참여 스포츠 시장 확대
전문스포츠 지도자	선수 훈련, 경기력 향상	엘리트 선수	국가자격(전문스포츠지도사)	학교, 실업팀, 구단	엘리트 스포츠 경쟁력
유소년스포츠 지도자	기초 운동 능력 발달	아동·청소년	국가자격(유소년스포츠지도사)	스포츠클럽, 학원	스포츠 교육 산업 기반
노인스포츠 지도자	건강 유지, 재활 운동	고령자	국가자격(노인스포츠지도사)	복지시설, 체육센터	실버 스포츠 산업 성장
장애인스포츠 지도자	재활·적응 체육 지도	장애인	국가자격(장애인스포츠지도사)	복지관, 장애인 체육시설	복지형 스포츠 산업
피트니스 트레이너	체형 관리, PT	성인 회원	민간자격·국제자격	피트니스센터, 프리랜서	웰니스·헬스케어 산업
스포츠 코치	팀 전술, 경기 운영	선수·팀	종목별 자격	구단, 학교	관람 스포츠 산업
무도 사범	인성 교육, 승급 지도	유소년·성인	단증·지도자 자격	도장 운영	교육형 스포츠 산업

된다. 전문 선수 지도 산업은 경기력 향상과 성과 창출을 목표로 하며, 엘리트 스포츠 시스템과 밀접하게 연결되어 있다. 반면 생활 체육 지도 산업은 일반 국민의 참여 확대와 건강 관리를 중심으로 운영된다. 또한 학교 체육 지도, 유소년 스포츠 지도, 피트니스 및 웰니스 지도, 재활·운동처방 지도 등 세부 영역이 존재하며, 각 영역은 요구되는 전문성과 지도 방식에서 차이를 보인다.

3. 스포츠 지도 산업의 산업적 특성

스포츠 지도 산업은 인적 서비스 의존도가 높아 표준화가 어렵고 개인 역량 차이가 큰 산업이라는 특성을 지닌다. 지도자의 전문성에 따라 서비스 품질이 크게 달라지며, 이는 소비자의 만족도와 재이용 의사에 직접적인 영향을 미친다.

또한 안전과 직결되는 산업이기 때문에 지도자의 윤리 의식과 책임성이 산업 신뢰도의 핵심 요소로 작용한다.

제3절 지도자 자격과 인력 시장

1. 스포츠 지도자 자격 제도의 필요성

스포츠 지도자 자격 제도는 지도자의 전문성과 안전성을 확보하기 위한 제도적 장치이다. 스포츠 지도는 신체 활동과 직접적으로 관련되기 때문에, 부적절한 지도는 부상과 건강 위험을 초래할 수 있다.

이에 따라 국가 또는 공인 기관을 중심으로 지도자 자격 제도가 운영되며, 이는 스포츠 지도 산업의 질적 수준을 관리하는 기준으로 기능한다.

2. 지도자 인력 시장의 구조

스포츠 지도 인력 시장은 수요와 공급의 불균형이 자주 발생하는 구조를 지닌다. 특정 종목이나 인기 분야에는 인력이 과잉 공급되는 반면, 전문성과 지속성이 요구되는 영역에서는 인력 부족 현상이 나타난다. 또한 스포츠 지도 인력은 프리랜서, 계약직, 시간제 근로 형태로 종사하는 경우가 많아 고용 안정성이 낮은 편이다. 이러한 구조는 스포츠 지도 산업의 지속 가능성을 위협하는 요인으로 지적된다.

스포츠지도자의 고용 형태

고용 형태	특징
공공기관 소속	체육센터, 학교, 복지시설
구단·팀 소속	프로·실업팀 코치
민간시설 소속	피트니스센터, 스포츠클럽
프리랜서	PT, 개인 레슨
자영업	도장 운영

3. 전문성 강화와 인력 관리의 과제

스포츠 지도 인력 시장의 건전한 발전을 위해서는 자격 취득 이후의 보수 교육과 경력 관리 체계가 중요하다. 단순 자격 보유

여부보다 지속적인 전문성 향상과 현장 경험이 지도자의 경쟁력을 좌우한다. 또한 지도자의 노동 환경 개선과 사회적 인식 제고는 스포츠 지도 산업의 질적 성장을 위해 필수적인 과제이다.

제4절 스포츠 교육 서비스 산업

1. 스포츠 교육 서비스 산업의 개념

스포츠 교육 서비스 산업은 스포츠 관련 지식과 기술을 교육 프로그램 형태로 제공하는 산업이다. 이는 학교 교육, 사설 교육 기관, 온라인 교육 플랫폼 등을 통해 운영되며, 지도자 양성, 선수 육성, 일반인 교육을 모두 포함한다.

이 산업은 교육 산업과 스포츠산업이 결합된 형태로, 지식 기반 서비스 사업의 성격을 지닌다.

2. 스포츠 교육 서비스의 유형과 운영 방식

스포츠 교육 서비스는 대상에 따라 유소년 스포츠 교육, 성인 대상 생활체육 교육, 전문 지도자 양성 교육 등으로 구분된다. 또한 오프라인 교육뿐 아니라 온라인 강의, 혼합형 교육 등 다양한 운영 방식이 활용되고 있다.

특히 디지털 기술의 발전은 스포츠 교육 서비스의 접근성을 확대하고, 교육 시장의 구조를 변화시키고 있다.

3. 스포츠 교육 산업의 시장 특성

스포츠 교육 서비스 산업은 교육 효과에 대한 장기적 신뢰가 중요하게 작용하는 시장이다. 소비자는 단기 성과보다 교육 과정의 체계성과 지도자의 전문성을 기준으로 선택을 결정한다.

이에 따라 브랜드 신뢰도, 교육 커리큘럼의 질, 교육 성과 관리가 산업 경쟁력을 좌우하는 핵심 요소가 된다.

제5절 평생체육과 교육 시장

1. 평생체육의 개념과 사회적 배경

평생체육은 생애 전 주기에 걸쳐 지속적인 스포츠 참여와 신체 활동을 장려하는 개념이다. 이는 평균 수명 연장, 건강 수명에 대한 관심 증가, 여가 문화 변화와 밀접하게 연관되어 있다.

평생체육은 스포츠를 일회성 활동이 아닌, 지속 가능한 생활 방식으로 인식하게 만드는 역할을 수행한다.

2. 평생체육과 스포츠 교육 산업의 결합

평생체육의 확산은 스포츠 교육 산업의 새로운 시장을 창출한다. 유소년기부터 노년기에 이르기까지 연령별·수준별 맞춤형 교육 프로그램에 대한 수요가 증가하며, 이는 스포츠 지도·교육 산업의 외연을 확대한다.

이 과정에서 공공 교육과 민간 교육 서비스가 함께 작동하며, 스포츠산업의 공공성과 산업성이 동시에 강화된다.

3. 평생체육 시장의 산업적 의의

평생체육과 교육 시장은 단기적 수익보다는 지속적 참여와 장기적 관계 형성을 기반으로 성장한다. 이는 스포츠 지도·교육 산업이 안정적인 수요 구조를 형성할 수 있는 중요한 조건이 된다.

또한 평생체육 시장은 국민 건강 증진과 의료 비용 절감이라는 사회적 효과를 통해 스포츠산업의 정책적 중요성을 더욱 부각시킨다.

내용요약

제8장은 스포츠산업에서 인적 자원과 교육이 차지하는 역할을 중심으로 스포츠 지도·교육 산업의 구조와 특성을 살펴보았다. 스포츠 지도 산업은 지도자의 전문성과 윤리가 핵심 경쟁 요소이며, 지도자 자격과 인력 시장 구조는 산업의 질적 수준을 좌우한다. 또한 스포츠 교육 서비스 산업과 평생체육 시장은 스포츠산업의 지속 가능성과 사회적 가치를 동시에 강화하는 핵심 영역임을 확인하였다.

제5부
관람 스포츠와 이벤트 산업

제9장
프로스포츠 산업

제1절 프로스포츠 산업의 개요

프로스포츠 산업은 선수들이 직업적으로 경기에 참여하고, 관람과 미디어 소비를 통해 수익이 창출되는 스포츠산업의 핵심 영역이다. 프로스포츠는 경기력 경쟁을 중심으로 하지만, 동시에 엔터테인먼트, 미디어, 마케팅, 지역 산업과 결합된 고부가가치 산업으로 발전해 왔다.

프로스포츠 산업의 특징은 스포츠의 본질적 요소인 경쟁과 불확실성 위에, 조직적 운영과 상업적 전략이 결합되어 있다는 점이다. 따라서 프로스포츠를 이해하기 위해서는 경기 자체뿐 아니라, 리그 구조, 구단 경영, 수익 모델, 팬 경험 관리까지 종합적으로 분석할 필요가 있다.

제2절 프로스포츠의 산업적 특성

1. 경쟁 산업이자 엔터테인먼트 산업

프로스포츠는 본질적으로 경쟁을 전제로 한 산업이다. 경기 결과의 불확실성, 승패에 따른 감정적 반응, 기록과 순위 경쟁은 프로스포츠의 핵심 가치 요소이다. 이러한 경쟁 구조는 소비자의 지속적인 관심과 몰입을 유도하는 원동력으로 작용한다.

동시에 프로스포츠는 엔터테인먼트 산업의 성격을 강하게 지닌다. 경기 연출, 중계 방식, 이벤트 요소, 스타 선수의 서사 등은 스포츠를 단순한 경기에서 관람과 소비의 대상으로 전환시킨다.

2. 독점적 시장 구조와 리그 중심성

프로스포츠 산업은 일반적인 완전 경쟁 시장과 달리, 리그 중심

한국 vs 미국 프로스포츠 비교 표

구분	한국 프로스포츠	미국 프로스포츠
리그 구조	단일 리그 중심, 협회 영향	프랜차이즈 리그, 리그 사무국 권한 강함
구단 소유	대기업 모기업 중심	독립적 구단 법인
운영 목적	기업 홍보·이미지 제고	수익 극대화
재무 구조	모기업 지원 의존	자체 수익 기반
수익 모델	스폰서십 중심	중계권·입장권·MD·IP 중심
중계권 가치	제한적	핵심 수익원
수익 배분	제한적	리그 차원의 철저한 공유 시스템
샐러리캡	일부 리그만 적용	대부분 리그 적용
드래프트	존재하나 영향 제한	경쟁 균형의 핵심 제도
FA 제도	제한적	활성화
선수 연봉	상대적으로 낮음	매우 높은 수준
마이너리그	제한적	체계적 육성 시스템
팬 기반	지역 + 기업 팬 혼합	지역 기반 팬 문화 확고
관람 문화	응원 중심	엔터테인먼트·가족 관람 중심
팬 경험 산업	발전 중	고도화된 경기장 경험 산업
경기장 소유	지자체 소유 중심	구단·리그 소유
경기장 수익 구조	경기 중심	상업시설·VIP·스카이박스 포함
마케팅 구조	구단 중심	리그 통합 마케팅
데이터 활용	도입 단계	고도화된 분석 시스템
산업 단계	성장 단계	성숙 산업
글로벌 시장	제한적	글로벌 비즈니스 모델

의 독점적 또는 과점적 구조를 지닌다. 특정 종목에서 하나의 리그가 사실상 시장을 대표하는 경우가 많으며, 이는 리그의 규칙과 정책이 산업 전반에 큰 영향을 미친다는 것을 의미한다.

이러한 구조는 안정적인 시장 운영에 기여하지만, 동시에 공정성 확보와 경쟁 균형 유지라는 과제를 동반한다.

3. 성과와 수익의 비선형적 관계

프로스포츠 산업에서는 경기 성과와 수익이 항상 정비례하지 않는다. 단기 성적 부진에도 불구하고 강력한 팬 기반과 브랜드 가치를 보유한 구단은 안정적인 수익을 유지할 수 있으며, 반대로 우수한 성적에도 불구하고 팬 기반이 약한 구단은 수익 창출에 한계를 겪을 수 있다. 이는 프로스포츠 산업에서 브랜드, 팬 충성도, 미디어 노출이 경기 성과만큼이나 중요하다는 점을 보여준다.

제3절 리그 구조와 운영 방식

1. 리그의 개념과 기능

리그는 프로스포츠 산업의 중추적 조직으로, 경기 일정과 규칙을 관리하고, 구단 간 경쟁을 조정하며, 산업의 질서를 유지하는 역할을 수행한다. 리그는 단순한 경기 운영 기구를 넘어, 산업 전체의 전략적 방향을 설정하는 핵심 주체이다.

리그는 구단 간 협력을 전제로 운영되며, 개별 구단은 경쟁자이면서 동시에 공동의 산업 생태계를 구성하는 파트너로 기능한다.

2. 리그 운영 방식의 유형

프로스포츠 리그의 운영 방식은 국가와 종목에 따라 다양하다. 일부 리그는 승강제를 통해 경쟁과 긴장감을 유지하는 반면, 다른 리그는 폐쇄형 구조를 통해 재정 안정성과 경쟁 균형을 강조한다.

리그 운영 방식은 수익 분배 구조, 선수 이동 제도, 재정 규제와 밀접하게 연결되어 있으며, 이는 리그의 장기적 지속 가능성에 직접적인 영향을 미친다.

3. 경쟁 균형과 리그의 지속 가능성

프로스포츠 산업에서 경쟁 균형은 리그의 흥미와 시장 가치를 유지하는 핵심 요소이다. 특정 구단의 장기적 독주나 전력 격차 확대는 리그 전체의 매력을 저하시킬 수 있다.

이에 따라 리그는 샐러리 캡, 드래프트 제도, 수익 공유 등 다양한 제도를 통해 경쟁 균형을 유지하려는 노력을 기울인다.

제4절 구단 경영과 수익 모델

1. 프로스포츠 구단의 조직적 특성

프로스포츠 구단은 경기력 조직과 경영 조직이 결합된 이중 구조 조직이다. 선수단과 코칭 스태프는 경기 성과를 담당하고, 프런트 조직은 마케팅, 재무, 운영, 팬 관리 등을 담당한다.

이 두 영역의 균형은 구단의 장기적 성과와 재정 안정성을 좌우하는 중요한 요소이다.

2. 구단의 주요 수익원

프로스포츠 구단의 수익 구조는 다원화되어 있다. 주요 수익원에는 티켓 판매, 중계권 수익 분배, 스폰서십과 광고, 상품 판매, 라이선싱, 이벤트 수익 등이 포함된다.

최근에는 디지털 콘텐츠와 데이터 기반 서비스, 팬 멤버십 프로그램 등 새로운 수익원이 부각되고 있으며, 이는 구단의 수익 구조를 보다 안정적으로 만드는 역할을 한다.

우리나라 스포츠구단 수익모델

수익 모델	구성 방식	비중 특성	장점	한계	산업적 의미
모기업 지원금	구단 운영비 보전	매우 높음	재정 안정성 확보	자생력 부족	기업 홍보형 구단 구조
스폰서십	유니폼 광고, 네이밍권	높음	안정적 수익	기업 의존도 높음	B2B 중심 시장
입장권 수익	경기 티켓 판매	낮음	팬 기반 확대 가능	관중 규모 제한	관람 산업 성장 잠재력
중계권 배분	리그 중계권 수익 분배	낮음	안정적 배당 가능	시장 규모 제한	미디어 산업 성장 필요
MD·상품 판매	유니폼, 굿즈	낮음	팬 충성도 강화	상품 다양성 부족	IP 비즈니스 확대 가능
선수 이적료	선수 해외 진출·트레이드	종목별 차이	일시적 고수익 가능	지속성 낮음	선수 육성 산업 연계
마케팅·이벤트	팬미팅, 경기장 이벤트	낮음	팬 경험 강화	수익 규모 제한	팬 서비스 산업 기반
아카데미 운영	유소년 클럽, 교육 프로그램	증가 추세	안정적 수익	시설·지도자 비용	스포츠 교육 산업 연계
경기장 부대사업	매점, 광고 보드	낮음	부가 수익 창출	시설 소유권 부족	경기장 비즈니스 한계

3. 비용 구조와 재무 관리의 중요성

구단 운영에서 가장 큰 비용 요소는 선수 인건비이다. 과도한 인건비 지출은 재정 불안을 초래할 수 있으며, 이는 구단의 지속 가능성을 위협한다.

따라서 프로스포츠 구단 경영에서는 재무 관리와 장기적 투자 전략이 필수적이며, 단기 성과와 장기 안정성 간의 균형이 중요하게 작용한다.

제5절 팬 경험과 관람 산업

1. 팬 경험의 개념

팬 경험은 팬이 스포츠를 소비하는 전 과정에서 형성되는 종합적 경험을 의미한다. 이는 경기 관람뿐 아니라, 경기장 환경, 응원 문화, 디지털 콘텐츠, 커뮤니티 활동 등을 포함한다.

프로스포츠 산업에서 팬 경험은 단순한 부가 요소가 아니라, 산업 경쟁력을 결정하는 핵심 자산이다.

2. 관람 산업으로서의 프로스포츠

프로스포츠는 대표적인 관람 산업으로, 현장 관람과 미디어 관람이 동시에 중요한 비중을 차지한다. 경기장 관람은 현장 경험과 공동체적 감정을 제공하며, 미디어 관람은 접근성과 확장성을 통해 시장 규모를 확대한다.

이 두 관람 방식은 상호 보완적으로 작용하며, 프로스포츠 산업의 수익 기반을 다층적으로 구성한다.

3. 팬 관계 관리와 산업의 미래

현대 프로스포츠 산업에서는 팬을 단순한 관객이 아니라, 장기적 관계의 주체로 인식한다. 팬 데이터 분석, 맞춤형 서비스, 소통 강화는 팬 충성도를 높이고 산업의 안정성을 강화하는 핵심 전략이다.

팬 경험 중심의 관점은 프로스포츠 산업이 지속적으로 성장하기 위한 필수 조건이라 할 수 있다.

내용요약

제9장은 프로스포츠 산업을 경쟁과 엔터테인먼트가 결합된 산업으로 규정하고, 리그 구조와 운영 방식, 구단 경영과 수익 모델, 팬 경험과 관람 산업의 특성을 체계적으로 살펴보았다. 프로스포츠 산업의 지속 가능성은 경기력뿐 아니라, 리그 거버넌스, 경영 전략, 팬 중심 운영에 의해 좌우된다는 점을 확인하였다.

제10장
스포츠 이벤트 산업

제1절 스포츠 이벤트 산업의 개요

스포츠 이벤트 산업은 일정한 기간과 공간에서 조직적으로 개최되는 스포츠 행사를 중심으로 형성되는 산업 영역이다. 스포츠 이벤트는 경기 그 자체를 넘어, 기획·운영·마케팅·미디어·관광·지역 경제를 포괄하는 복합 산업 활동으로 기능한다. 특히 이벤트는 스포츠산업에서 가시적 효과와 상징적 가치가 동시에 나타나는 영역이라는 점에서 중요한 위치를 차지한다.

스포츠 이벤트 산업의 특징은 일시성과 집중성이다. 특정 시점에 자원과 관심이 집중되며, 단기간에 큰 경제·사회적 효과를 창출할 수 있다. 동시에 이러한 특성은 높은 비용과 위험을 수반하기 때문에 체계적인 기획과 운영이 필수적이다.

제2절 스포츠 이벤트의 유형

1. 규모와 범위에 따른 분류

스포츠 이벤트는 규모와 영향 범위에 따라 소규모 지역 이벤트, 전국 단위 이벤트, 국제 스포츠 이벤트 등으로 구분할 수 있다. 지역 이벤트는 생활체육 대회나 지역 축제를 중심으로 운영되며, 지역 주민 참여와 공동체 활성화에 목적을 둔다. 반면 국제 스포츠 이벤트는 참가 국가와 관중의 범위가 넓고, 미디어 노출과 관광 효과가 크다는 특징을 지닌다. 이러한 이벤트는 국가 이미지 제고와 글로벌 스포츠산업 참여의 수단으로 활용된다.

2. 목적에 따른 스포츠 이벤트 유형

스포츠 이벤트는 목적에 따라 경쟁 중심 이벤트, 참여 중심 이벤트, 홍보·마케팅 중심 이벤트로 구분된다. 경쟁 중심 이벤트는 경기력과 순위 경쟁을 핵심 가치로 하며, 참여 중심 이벤트는 일반인의 스포츠 참여 확대와 체험에 중점을 둔다.

홍보·마케팅 중심 이벤트는 특정 종목, 브랜드, 지역을 알리는 데 목적을 두며, 스포츠를 매개로 다양한 산업과의 연계를 강화한다.

3. 정기 이벤트와 비정기 이벤트

스포츠 이벤트는 개최 주기에 따라 정기 이벤트와 비정기 이벤트로 나뉜다. 정기 이벤트는 리그 대회나 연례 대회처럼 반복 개최되어 브랜드 가치와 운영 노하우가 축적되는 반면, 비정기 이벤트는 준비 기간과 비용 부담이 크지만 단기간에 강한 주목 효과를 창출한다.

제3절 대회 기획과 운영 구조

1. 스포츠 이벤트 기획의 핵심 요소

스포츠 이벤트 기획은 목표 설정, 대상 분석, 종목 및 프로그램 구성, 예산 계획, 일정 관리 등을 포함하는 종합적 과정이다. 기획 단계에서는 이벤트의 목적과 성격을 명확히 설정하고, 이를 달성하기 위한 전략적 방향을 수립해야 한다.

이 단계에서의 의사결정은 이벤트의 성공 여부를 좌우하며, 이후 운영 단계 전반에 영향을 미친다.

2. 스포츠 이벤트 운영 조직과 역할 분담

스포츠 이벤트 운영은 조직위원회, 주관 단체, 후원 기관, 협력 업체 등 다양한 주체가 참여하는 다중 조직 구조로 이루어진다. 각 주체는 역할과 책임이 명확히 구분되어야 하며, 효율적인 협업 체계가 구축되어야 한다.

운영 단계에서는 경기 진행, 시설 관리, 안전 관리, 인력 운영, 미디어 대응, 관중 서비스 등 다양한 기능이 동시에 수행된다.

3. 위험 관리와 사후 평가

스포츠 이벤트는 안전 사고, 일정 지연, 재정 초과, 외부 환경 변화 등 다양한 위험 요소를 내포한다. 따라서 사전 위험 관리 계획과 위기 대응 체계 구축이 필수적이다. 이벤트 종료 후에는 성과 평가와 사후 분석을 통해 운영 성과를 점검하고, 향후 이벤트 기획을 위한 경험과 데이터를 축적하는 과정이 필요하다.

제4절 메가 스포츠 이벤트의 산업 효과

1. 메가 스포츠 이벤트의 개념

메가 스포츠 이벤트는 대규모 예산과 장기간 준비를 통해 개최되는 국제적 스포츠 행사로, 국가적·도시적 차원의 영향력을 지닌다. 이러한 이벤트는 스포츠산업뿐 아니라 관광, 건설, 미디어, 서비스 산업 전반에 영향을 미친다.

2. 경제적 효과와 한계

메가 스포츠 이벤트는 단기적으로 관광 수요 증가, 고용 창출, 소비 확대 등의 경제 효과를 가져올 수 있다. 또한 도시 인프라 개선과 국제 인지도 상승이라는 간접 효과도 기대할 수 있다.

그러나 과도한 시설 투자와 운영 비용, 사후 활용 부족은 재정 부담으로 이어질 수 있으며, 기대 효과가 과대 평가되는 경우도 적지 않다. 따라서 경제적 효과에 대한 현실적 분석과 신중한 정책 판단이 요구된다.

3. 사회·문화적 효과

메가 스포츠 이벤트는 경제적 효과 외에도 사회적 결속, 국가 정체성 강화, 스포츠 참여 촉진 등 다양한 사회·문화적 효과를 창출한다. 이러한 무형의 효과는 수치로 측정하기 어렵지만, 장기적으로 스포츠산업 발전에 중요한 영향을 미친다.

제5절 스포츠 이벤트와 지역 발전

1. 지역 기반 스포츠 이벤트의 역할

스포츠 이벤트는 지역 발전 전략의 중요한 수단으로 활용된다. 지역 기반 스포츠 이벤트는 지역 자원을 활용하여 관광 활성화, 지역 이미지 개선, 주민 참여 확대를 도모할 수 있다.

이러한 이벤트는 대규모 메가 이벤트와 달리 비교적 적은 비용으로 지속 가능한 효과를 창출할 수 있다는 장점을 지닌다.

2. 스포츠 이벤트와 지역 경제 활성화

지역 스포츠 이벤트는 숙박, 외식, 교통, 소매업 등 지역 연관

산업에 직접적인 경제 효과를 제공한다. 또한 반복 개최를 통해 지역 브랜드를 형성하고, 장기적인 관광 자산으로 발전할 가능성을 지닌다.

3. 지속 가능한 지역 발전을 위한 조건

스포츠 이벤트를 통한 지역 발전은 단기적 성과에 그쳐서는 안 되며, 지역 주민의 수용성과 참여를 기반으로 지속 가능한 구조를 형성해야 한다. 이를 위해서는 이벤트 이후의 시설 활용, 지역 스포츠 프로그램 연계, 민관 협력이 중요하다.

내용요약

제10장은 스포츠 이벤트 산업을 유형, 기획·운영 구조, 메가 이벤트의 산업 효과, 지역 발전과의 연계라는 관점에서 분석하였다. 스포츠 이벤트는 일회성 행사가 아니라, 체계적인 기획과 운영을 통해 지속 가능한 산업 가치와 지역 발전 효과를 창출할 수 있는 전략적 수단임을 확인하였다.

제6부
스포츠 용품·웨어 산업

제1절 스포츠 용품 산업의 개요

스포츠 용품 산업은 스포츠 활동에 필요한 장비와 도구, 보호구, 액세서리 등을 생산·유통하는 산업 영역으로, 스포츠산업 전반의 물적 기반을 형성한다. 이 산업은 스포츠 참여와 관람의 확대에 따라 성장해 왔으며, 기술 혁신과 글로벌 브랜드 경쟁을 통해 고부가가치 산업으로 발전하였다.

스포츠 용품 산업은 제조업의 성격을 가지면서도, 스포츠의

기능적 요구와 소비자의 감정적·상징적 기대가 동시에 반영되는 특수한 제조 산업이라는 점에서 일반 소비재 산업과 구별된다. 성능과 안전성, 디자인과 브랜드 이미지가 복합적으로 작용하여 제품 경쟁력을 결정한다.

제2절 스포츠 장비·용품 산업 구조

스포츠 장비·용품 산업은 스포츠산업의 제조 영역을 대표하는 분야로서, 스포츠 활동을 가능하게 하는 물리적 기반을 제공한다. 이 산업은 단순한 제품 생산에 그치지 않고, 종목 규정과 안전 기준, 경기력 향상 기술, 소비자 경험, 브랜드 가치 등이 결합된 복합 구조를 가진다. 특히 최근에는 기능성 소재, 센서 기술, 데이터 분석이 장비와 용품에 적극 반영되면서 스포츠 장비 산업은 스포츠테크(Sports Tech) 산업의 핵심 축으로 확장되고 있다.

1. 스포츠 용품의 개념과 범위

스포츠 용품은 스포츠 활동에 직접적으로 사용되거나 스포츠 참여·관람 과정에서 필요한 제품과 장치를 의미한다. 전통적으로는 공, 라켓, 배트, 보호대, 신발처럼 경기 수행에 필수적인 장비가 중심이었으나, 현대 스포츠에서는 안전·편의·데이터 기반 훈련이 강조되면서 용품의 범위가 지속적으로 확장되고 있다.

첫째, 스포츠 용품은 경기 수행 장비(Performance Equipment)를 포함한다. 이는 종목별 핵심 도구로서 경기 결과와 직결되는 제품을 의미하며, 예컨대 축구공, 농구공, 배드민턴 라켓, 야구 배트, 골프 클럽 등이 여기에 해당한다. 이러한 제품은 규정된 규격과 소재 기준을 충족해야 하며, 종목 단체의 공인 여부가 시장 경쟁력에 큰 영향을 미친다.

둘째, 스포츠 용품에는 보호·안전 장비(Safety Equipment)가 포함된다. 스포츠 활동은 부상 위험을 수반하므로 보호 장비의 기술 수준과 보급률은 스포츠 참여 확대와 밀접한 관련이 있다. 헬멧, 마우스가드, 정강이 보호대, 무릎·팔꿈치 보호대, 안전 조끼 등은 안전 장비의 대표적 예이며, 최근에는 충격 분산 소재, 경량화 설계, 인체공학적 핏(Fit) 기술이 핵심 경쟁 요소로 떠오르고 있다.

셋째, 스포츠 용품은 훈련·측정 장비(Training & Monitoring Equipment)로 확장된다. 선수와 일반 참여자 모두 훈련의 효율성을 높이기 위해 측정 장비를 활용하며, 스피드·심박·파워·자세 분석을 위한 장비가 빠르게 증가하고 있다. 웨어러블 센서, GPS 트래커, 스윙 분석기, 러닝 파워미터 등은 스포츠 용품이 단순 소모품을 넘어 데이터 기반 솔루션으로 진화하고 있음을 보여

준다.

넷째, 스포츠 용품의 범위에는 운영·환경·편의 용품(Operation & Accessory)도 포함된다. 경기 운영을 위한 기록 장비, 심판 장비, 경기장 안전 장치, 팀 장비 운반용품, 스포츠 테이핑·재활 용품, 스포츠 위생용품 등은 스포츠 활동의 지속성과 편의성을 지원한다. 특히 동호인 시장에서는 '경기력 장비'보다 '편의·보조 용품'이 구매를 견인하는 경우도 많아, 시장 세분화가 뚜렷하게 나타난다.

정리하면 스포츠 용품 산업은 경기 수행-안전 보호-훈련 측정-운영 보조로 이어지는 넓은 스펙트럼을 가지며, 종목의 특성과 소비자의 참여 수준에 따라 제품군이 세분화된다.

2. 종목별·기능별 산업 구조

스포츠 장비·용품 산업의 구조는 크게 두 축으로 이해할 수 있다. 하나는 종목(스포츠 종류)별 구조이고, 다른 하나는 기능(제품이 수행하는 역할)별 구조이다. 이 두 축은 서로 교차하며, 산업의 경쟁 구도와 기술 혁신 방향을 결정한다.

먼저, 종목별 구조는 해당 스포츠의 규칙과 동작 특성, 장비 의존도에 따라 달라진다. 예를 들어, 축구·농구·야구와 같은 팀 스포츠는 장비가 비교적 표준화되어 있고 대중 참여 기반이 넓어

대량 생산·대량 소비 시장이 형성되기 쉽다. 반면 골프·사이클처럼 장비 성능이 결과에 미치는 영향이 큰 종목은 장비 선택이 개인 성과와 직결되기 때문에 고가·고성능 시장, 개인 맞춤(피팅) 시장이 발달한다. 수영이나 육상처럼 신체 움직임이 직접 성과로 이어지는 종목은 의류·신발의 기능성이 핵심이 되며, 소재 기술과 인체공학적 설계가 산업 경쟁의 중심이 된다. 무도 종목은 교육 산업과 연계가 강하고, 보호 장비의 규정과 공인 체계(예: 전자호구)가 시장 구조를 좌우한다.

다음으로 기능별 구조는 제품이 제공하는 가치가 무엇인지에 따라 구분된다.

첫째, 성능 향상 기능은 기록과 경기력 개선을 위한 장비 영역이다. 경량화, 반발력, 공기역학, 그립 감각, 추진력 같은 요소가 핵심이며, 이 분야는 소재 공학과 설계 기술의 발전 속도가 빠르다. 골프 클럽의 샤프트와 헤드 구조, 사이클의 카본 프레임, 러닝화의 쿠셔닝·반발 소재 경쟁은 성능 중심 시장의 대표적 사례다.

둘째, 안전·보호 기능은 스포츠 참여 확대의 기반이 되는 영역이다. 특히 접촉이 많은 종목(미식축구·아이스하키·격투 스포츠)뿐 아니라, 레저 스포츠(스키·보드·자전거)에서도 안전 장비의 시장 비중이 크다. 이 영역은 규제와 안전 기준, 보험·책임 문제와도 연결되며, 제품 인증과 품질 관리가 산업 구조를 지배한다.

셋째, 훈련·측정·데이터 기능은 스포츠테크와 직접 연결된다. 센서와 소프트웨어가 결합된 장비는 '제품 판매'에서 '서비스 구독' 모델로 확장될 수 있다. 예를 들어 스마트워치, 골프 거리측정기, 자세 분석 장비는 앱과 연동되어 데이터를 축적하고, 이를 기반으로 개인 맞춤 코칭 서비스가 결합될 수 있다. 이로 인해 장비 산업은 IT 기업과의 협업이 필수적이 되고, 플랫폼 경쟁 요소가 강화된다.

넷째, 편의·운영 기능은 스포츠 활동의 지속성과 접근성을 높이는 영역이다. 동호인 시장에서는 휴대성, 내구성, 유지관리 편의가 구매 결정에 큰 영향을 미치며, B2C뿐 아니라 학교·지자체·클럽 대상의 B2B 시장도 형성된다.

종합하면 스포츠 장비·용품 산업은 종목별로 시장 규모와 구매 빈도, 가격대가 달라지고, 기능별로는 기술 혁신 방향과 수익 모델이 달라진다. 따라서 기업은 '어떤 종목을 대상으로' '어떤 기능 가치로' 시장에 접근할지를 전략적으로 선택해야 한다.

3. 산업 참여 주체와 역할 분담

스포츠 장비·용품 산업에는 다양한 주체가 참여하며, 이들은 가치사슬(Value Chain) 내에서 역할을 분담한다. 산업 참여 주체를 구조적으로 이해하면, 스포츠 용품 산업의 경쟁 원리와 수익 구조를 더 명확히 파악할 수 있다.

첫째, 제조 기업(브랜드·OEM/ODM 포함)은 제품 개발과 생산을 담당한다. 글로벌 브랜드 기업은 기획·R&D·마케팅·유통을 통합적으로 운영하며, 기술 혁신과 브랜드 자산을 바탕으로 시장을 주도한다. 반면 OEM/ODM 기업은 브랜드의 주문을 받아 생산하거나 설계를 함께 수행하며, 생산 효율성과 품질 관리 역량으로 경쟁한다. 스포츠용품 산업은 소재와 공정이 복잡해질수록 OEM/ODM의 기술력과 공급망 관리가 산업 경쟁의 핵심이 된다.

둘째, 소재·부품 기업은 산업 경쟁력을 좌우하는 기초 기술을 제공한다. 기능성 소재, 충격 흡수 폼, 탄소섬유, 센서 모듈, 배터리, 칩셋 등은 제품 성능의 핵심 요소이며, 특히 스포츠테크 장비에서는 부품기업의 역량이 곧 제품 경쟁력으로 연결된다.

셋째, 유통·리테일 기업은 소비자 접점을 담당한다. 전통 오프라인 매장, 대형 스포츠 리테일, 온라인 커머스, 브랜드 직영몰, 플랫폼 판매가 병존하며, 최근에는 데이터 기반 추천과 빠른 물류가 경쟁 요소가 되고 있다. 또한 종목별 전문점(예: 골프 피팅샵, 자전거 전문점)은 단순 판매를 넘어 서비스(피팅·정비·컨설팅)를 결합하여 부가가치를 창출한다.

넷째, 스포츠 조직(리그·협회·연맹)과 공인 기관은 규격과 인증, 공인용품 제도를 통해 시장 질서를 형성한다. 공식 경기에서 사용 가능한 공인 장비는 브랜드 신뢰도와 판매량에 직결되며, 종목 단체의 규정 변경은 장비 산업의 기술 방향과 시장 재편을 촉발할 수 있다.

다섯째, 소비자(선수·동호인·학교·기관)는 시장 수요를 형성하는 최종 주체이다. 선수 시장은 성능과 규정 적합성을 중시하고, 동호인 시장은 편의성·가격·브랜드 선호가 상대적으로 크게 작용한다. 학교·지자체·공공기관은 예산 기반 구매를 통해 B2B 수요를 형성하며, 이 시장은 안전 기준과 조달 체계가 구매 결정에 큰 영향을 미친다.

여섯째, 미디어·마케팅 주체(스폰서, 인플루언서, 선수)는 브랜드 노출과 소비자 인식 형성에 영향을 준다. 스포츠용품은 기능성과 함께 상징성이 강한 제품이므로, 스타 선수의 착용과 대회 노출은 제품 확산에 결정적이다. 이는 스포츠용품 산업이 '기술 산업'이면서 동시에 '브랜드 산업'이라는 이중성을 가진다는 점을 보여준다.

정리하면 스포츠 장비·용품 산업은 제조 기업, 소재·부품 기업, 유통 기업, 종목 단체, 소비자, 마케팅 주체가 가치사슬을 구성하며 상호 작용한다. 산업의 성장은 단일 주체의 노력만으로 이루어지지 않으며, 기술 혁신과 규정 환경, 유통 구조, 소비자 경험이 함께 맞물릴 때 경쟁력이 강화된다.

제3절 기술 혁신과 제품 개발

1. 기술 혁신의 중요성

스포츠 용품 산업에서 기술 혁신은 경쟁력의 핵심 요소이다. 스포츠 활동은 신체와 직접적으로 연결되기 때문에, 장비의 성능과 안전성은 경기력과 사용자 만족도에 직접적인 영향을 미친다.

이에 따라 스포츠 용품 기업은 소재 개발, 구조 설계, 인체공학적 설계 등 다양한 기술 요소를 제품 개발에 적극적으로 적용한다.

2. 연구개발과 제품 차별화

스포츠 용품의 연구개발은 단순한 성능 개선을 넘어, 사용자 경험의 향상을 목표로 한다. 경량화, 충격 흡수, 내구성 강화, 착용감 개선 등은 대표적인 개발 방향이다.

또한 데이터 분석과 테스트를 기반으로 한 과학적 접근은 스포츠 용품의 신뢰도를 높이며, 전문 선수와의 협업을 통해 제품의 상징성과 시장성을 강화한다.

3. 기술 혁신의 산업적 효과

기술 혁신은 스포츠 용품 산업의 고부가가치화를 가능하게 한다. 차별화된 기술은 프리미엄 가격 전략을 가능하게 하며, 브랜드 충성도를 강화하는 역할을 한다.

반면 기술 격차가 줄어들 경우 가격 경쟁이 심화되어 산업 수익성이 저하될 수 있으므로, 지속적인 혁신이 필수적이다.

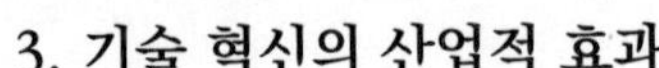제4절 글로벌 스포츠 브랜드 전략

글로벌 스포츠 브랜드 전략은 단순히 제품을 해외에 판매하는 차원을 넘어, 브랜드가 가진 의미(정체성)와 경험(사용·관람·커뮤니티)을 세계 시장에서 일관되게 설계하고 확장하는 과정을 뜻한다. 스포츠 브랜드는 기능성과 성능이라는 제품적 가치 위에, 선수·팀·이벤트·문화와 결합된 상징성을 통해 구매 동기를 만들어낸다. 또한 스포츠는 국경을 넘어 공유되는 문화 콘텐츠이기 때문에, 브랜드가 세계 시장에서 성장하기 위해서는 기술 혁신, 유통·플랫폼, 마케팅 커뮤니케이션, 현지 소비 문화 이해가 통합된 전략이 필요하다.

1. 글로벌 시장에서의 브랜드 경쟁

글로벌 스포츠 시장에서 브랜드 경쟁은 크게 기술 기반 경쟁, 브랜드 자산(Brand Equity) 경쟁, 유통·플랫폼 경쟁, 스포츠 IP(선수·팀·리그) 연계 경쟁으로 전개된다.

첫째, 기술 기반 경쟁은 스포츠 브랜드의 가장 기본적인 경쟁 축이다. 글로벌 시장에서 소비자는 브랜드를 "로고"만으로 선택하지 않는다. 러닝화의 쿠셔닝과 반발력, 축구화의 접지력과 경량성, 스포츠웨어의 통기·발수·압박 기능, 장비의 안정성과 내구성 등 제품 성능이 곧 브랜드 신뢰로 연결된다. 따라서 글로벌 브랜드는 R&D 투자, 소재 혁신, 인체공학적 설계, 품질 관리 체계를 핵심 역량으로 구축한다. 특히 최근에는 웨어러블·센서·데이터 기반 제품이 확대되면서 스포츠 브랜드 경쟁은 제조업을 넘어 스포츠테크 기업과의 경쟁·협업으로 확장된다.

둘째, 브랜드 자산 경쟁은 스포츠 브랜드의 장기적 성장을 좌우한다. 글로벌 시장에서는 제품 간 기능 격차가 줄어들수록, 소비자는 브랜드가 제공하는 상징성과 정체성에 더 반응한다. 즉 "어떤 운동을 더 잘하게 해주는가"뿐 아니라 "이 브랜드를 선택함으로써 내가 어떤 사람으로 보이고 싶은가"가 중요해진다. 스포츠 브랜드는 '성과(Performance)'와 '라이프스타일(Lifestyle)' 사이에서 포지셔닝을 조정하며, 종목·세대·문화에 따라 브랜드 의미를 재구성한다.

셋째, 유통·플랫폼 경쟁은 글로벌 스포츠 브랜드 전략에서 점점 더 중요한 요소가 되고 있다. 전통적 오프라인 유통(매장, 대리점)과 함께 온라인 커머스, 브랜드 직영몰(D2C), 마켓플레이스, SNS 기반 커머스, 구독형 서비스 등 채널이 다변화되었다. 글로벌 브랜드는 유통 채널을 단순 판매 경로가 아니라 고객 데이터와 경험 설계의 장으로 바라본다. 특히 D2C 강화는 마진 구조뿐 아니라 브랜드 메시지의 통제력, 고객 데이터 확보, 멤버십 기반 팬덤 형성 측면에서 전략적 의미가 크다.

넷째, 스포츠 IP 연계 경쟁은 글로벌 스포츠 브랜드의 상징성과 확산력을 극대화한다. 글로벌 브랜드는 선수, 구단, 리그, 국제대회와의 계약을 통해 브랜드 노출을 확대하고, 소비자에게 '전문성'과 '진정성'을 동시에 전달한다. 단, 단순 노출만으로는 성과가 제한적이므로, 제품 혁신과 선수 퍼포먼스, 팬 참여 캠페인, 콘텐츠 제작이 함께 연결될 때 브랜드 효과가 강화된다.

요약하면 글로벌 시장에서 스포츠 브랜드는 기술-상징-유통-IP의 4개 축이 결합된 복합 경쟁 구조 속에서 성장한다.

2. 브랜드 이미지와 스토리텔링

스포츠 브랜드의 이미지는 광고 한 편으로 형성되지 않는다.

브랜드 이미지는 소비자가 브랜드를 접하는 모든 순간—제품 사용 경험, 선수 착용 장면, 온라인 콘텐츠, 커뮤니티 활동, 매장 경험—이 누적되어 만들어진다. 이때 스토리텔링은 브랜드가 전달하고자 하는 의미를 일관된 서사로 조직하여 소비자의 감정과 동일시를 이끄는 전략이다.

첫째, 스포츠 브랜드 스토리텔링은 '성과'와 '감정'을 함께 다룬다. 스포츠는 본질적으로 기록과 승패가 존재하는 영역이지만, 소비자가 강하게 반응하는 지점은 대개 도전, 회복, 성장, 팀워크, 극복과 같은 감정적 서사이다. 브랜드는 이러한 서사를 통해 "나도 할 수 있다"는 자기 효능감과 정체성을 자극한다. 따라서 글로벌 브랜드는 단순 제품 광고보다, 운동을 지속하게 만드는 동기, 자기 변화 경험, 공동체의 가치 등을 전면에 내세우는 캠페인을 강화한다.

둘째, 스토리텔링은 브랜드의 '진정성(authenticity)'을 구축하는 핵심 장치다. 스포츠 소비자는 광고에 민감하며, 과장된 메시지는 오히려 반감을 낳는다. 진정성은 실제 선수의 퍼포먼스, 제품의 기술적 근거, 브랜드의 역사와 철학, 사회적 실천(지속가능성·윤리경영)에서 비롯된다. 글로벌 시장에서는 특히 ESG 이슈가 중요해지면서, 브랜드는 환경·노동·공급망 문제에 대한 태도를 공개적으로 보여주어야 한다. 이러한 요소는 브랜드 신뢰도를 구성하는 핵심 자산이 된다.

셋째, 스토리텔링은 브랜드 포지셔닝을 선명하게 만든다. 글로벌 스포츠 시장에서 브랜드는 모든 종목, 모든 소비자를 동시에 만족시키기 어렵다. 따라서 브랜드는 특정 종목, 특정 라이프스타일, 특정 가치에 초점을 맞춰 "우리는 어떤 브랜드인가"를 명확히 해야 한다. 예컨대 퍼포먼스 중심, 스트리트 감성, 아웃도어 탐험, 웰니스·요가, 친환경·지속가능 등으로 포지션을 설정하고, 모든 접점에서 동일한 톤과 메시지를 유지할 때 브랜드 아이덴티티가 강화된다.

넷째, 디지털 환경에서 스토리텔링은 '참여형'으로 진화한다. 브랜드가 이야기를 일방적으로 전달하는 시대를 넘어, 소비자가 직접 콘텐츠를 만들고 공유하며 브랜드 의미를 함께 구축한다. 러닝 챌린지, 커뮤니티 이벤트, 사용자 후기 콘텐츠(UGC), 인플루언서 협업은 모두 참여형 스토리텔링의 대표적 사례다. 특히 스포츠는 활동 자체가 콘텐츠가 되기 때문에, 브랜드는 소비자의 활동 데이터를 연결하거나(기록 공유), 커뮤니티 경험을 강화하는 방식으로 스토리텔링을 확장할 수 있다.

정리하면 브랜드 이미지와 스토리텔링은 스포츠 브랜드 전략에서 '감정적 연결'과 '정체성 구축'을 담당하며, 제품 성능을 넘어 장기적 팬덤을 만드는 핵심 메커니즘으로 작동한다.

3. 현지화 전략과 글로벌 확장

글로벌 스포츠 브랜드의 성패는 "세계 어디서나 같은 제품을 파는가"가 아니라, 핵심 정체성을 유지하면서도 지역 시장에 맞게 조정하는 능력에 달려 있다. 즉 글로벌 확장은 표준화(standardization)와 현지화(localization)의 균형 문제로 이해할 수 있다.

첫째, 현지화 전략의 출발점은 시장 구조의 차이를 이해하는 것이다. 국가별로 인기 종목, 스포츠 참여 문화, 유통 구조, 가격 민감도, 체형·사이즈, 기후와 환경, 규제와 인증 제도가 다르다. 예를 들어 러닝 문화가 강한 지역과 축구 문화가 중심인 지역은 제품 포트폴리오가 달라야 하며, 덥고 습한 지역과 한랭 지역은 소재·레이어링 전략이 달라야 한다. 또한 국가별 유통 구조(대형 리테일 중심인지, 온라인 중심인지, 전문점 중심인지)에 따라 채널 전략이 달라진다.

둘째, 제품 현지화는 단순한 번역이나 디자인 변경이 아니라, '사용 맥락'을 반영하는 전략이다. 사이즈·핏, 소재 선택, 컬러 선호, 기능 요구, 가격대 구성 등은 지역별로 차이가 크다. 특히 스포츠웨어와 신발은 체형·발형 차이가 품질 인식에 직접 영향을 주므로, 글로벌 브랜드는 지역별 라스트(last) 개발, 사이즈 체계 조정, 특정 기후용 라인업 운영 등을 통해 현지 만족도를 높인다.

셋째, 커뮤니케이션 현지화는 문화적 맥락과 사회적 코드에 대한 이해가 핵심이다. 동일한 캠페인 메시지가 국가에 따라 전혀 다르게 해석될 수 있다. 따라서 글로벌 브랜드는 핵심 슬로건과 철학은 유지하되, 현지 선수·인플루언서, 지역 스포츠 이벤트, 로컬 커뮤니티를 활용하여 메시지를 재구성한다. 이 과정에서 '글로벌 스타' 활용과 '로컬 히어로' 활용을 적절히 조합하는 것이 중요하다.

넷째, 글로벌 확장은 단계적으로 설계되어야 한다. 일반적으로 브랜드는 (1) 수출 중심 진입 → (2) 현지 유통 파트너 확보 → (3) 현지 법인·직영 채널 구축 → (4) 현지 생산·공급망 최적화 → (5) 현지 커뮤니티·브랜드 문화 정착의 단계로 확장한다. 특히 스포츠 제품은 시즌성과 재고 부담이 크기 때문에, 공급망과 물류, 재고 회전 관리 역량이 확장 과정에서 핵심 리스크 요인이 된다.

다섯째, 현지화가 강화될수록 브랜드 정체성이 흔들릴 위험이 있다. 따라서 글로벌 브랜드는 "변하지 않는 것(핵심 가치·기술 기준·브랜드 톤)"과 "변할 수 있는 것(제품 구성·캠페인 실행·채널 운영)"을 구분해야 한다. 이 균형이 무너지면 글로벌 확장은 단기 매출은 늘릴 수 있어도 장기적 브랜드 자산을 약화시킬 수 있다.

정리하면, 현지화 전략은 로컬 시장에 '맞추는' 기술이며, 글로벌 확장은 그 현지화들을 하나의 브랜드 정체성 아래 '연결하는' 관리 전략이다. 글로벌 스포츠 브랜드는 이 두 과제를 동시에 수행하면서, 기술 혁신과 콘텐츠·커뮤니티 기반 마케팅을 결합해 세계 시장에서 지속 성장할 수 있다.

제5절 유통 구조와 시장 경쟁

1. 스포츠 용품 유통 구조의 변화

전통적으로 스포츠 용품 유통은 제조업체-도매상-소매상으로 이어지는 다단계 구조를 가졌다. 그러나 최근에는 온라인 유통과 직판 모델의 확산으로 유통 구조가 빠르게 변화하고 있다. 이러한 변화는 유통 비용 절감과 소비자 접근성 향상을 가능하게 하지만, 기존 유통 주체 간의 경쟁을 심화시키는 요인으로 작용한다.

2. 시장 경쟁과 가격 전략

스포츠 용품 시장에서는 기술과 브랜드를 중심으로 한 비가격 경쟁과 함께, 가격 경쟁이 동시에 나타난다. 프리미엄 시장과 대중 시장이 분화되며, 기업은 목표 시장에 맞는 가격 전략을 선택해야 한다.

가격 전략은 브랜드 포지셔닝과 직결되며, 장기적인 브랜드 가치 관리와 밀접하게 연관된다.

3. 지속 가능성과 윤리적 경쟁

최근 스포츠 용품 산업에서는 환경 친화적 생산, 노동 윤리, 사회적 책임이 중요한 경쟁 요소로 부상하고 있다. 지속 가능한 소재 사용과 책임 있는 공급망 관리는 기업 이미지와 시장 경쟁력에 직접적인 영향을 미친다.

내용요약

제11장은 스포츠 용품 산업을 산업 구조, 기술 혁신, 글로벌 브랜드 전략, 유통과 경쟁이라는 관점에서 분석하였다. 스포츠 용품 산업은 기술과 감성, 글로벌 경쟁과 현지화 전략이 복합적으로 작용하는 산업으로, 스포츠산업 전반의 성장과 혁신을 견인하는 핵심 영역임을 확인하였다.

제12장
스포츠웨어 산업

제1절 스포츠웨어 산업의 개요

스포츠웨어 산업은 스포츠 활동 수행을 목적으로 개발된 의류를 중심으로 형성된 산업 영역으로, 스포츠산업 전반에서 인체와 가장 직접적으로 접촉하는 제품군을 다룬다. 스포츠웨어는 단순한 복식이 아니라, 경기력 향상과 안전 확보, 착용자의 신체 반응 최적화를 목표로 설계되는 기능성 제품이다.

동시에 스포츠웨어는 일상복과 패션 영역으로 확장되며, 스포츠와 라이프스타일의 경계를 허무는 산업으로 진화해 왔다. 이로 인해 스포츠웨어 산업은 제조업, 패션 산업, 기술 산업이 결합된 융합 산업의 성격을 지닌다.

제2절 스포츠웨어 산업의 발전

1. 전통 스포츠웨어의 형성과 초기 기능 중심 설계

초기 스포츠웨어는 경기 수행에 최소한으로 필요한 보호와 움직임을 보조하는 수준에 머물렀다. 면이나 울과 같은 천연 소재가 주로 사용되었으며, 통기성이나 신축성보다는 내구성과 단순성이 강조되었다.

이 시기의 스포츠웨어는 종목별 구분이 명확하지 않았고, 일상복과 스포츠복의 경계가 비교적 모호하였다.

2. 전문화와 기능성 중심 산업의 성장

스포츠의 전문화와 경기력 향상에 대한 요구가 높아지면서, 스포츠웨어는 종목별·환경별로 세분화되기 시작했다. 합성섬유의 등장과 소재 공학의 발전은 경량화, 신축성, 흡습속건과 같은 기능을 스포츠웨어에 본격적으로 도입하는 계기가 되었다.

이 시기부터 스포츠웨어는 경기 성과와 직결되는 기술 기반 제품으로 인식되었으며, 스포츠산업 내에서 독립적인 산업 영역으로 자리 잡게 되었다.

3. 글로벌 스포츠웨어 산업의 확대

글로벌 스포츠 이벤트와 미디어 확산은 스포츠웨어를 전 세계 소비자에게 노출시키는 계기가 되었으며, 스포츠웨어 산업은 글로벌 브랜드 경쟁이 치열한 시장으로 성장하였다. 스포츠웨어는 더 이상 선수만의 전유물이 아니라, 일반 소비자의 스포츠 참여와 일상 활동을 아우르는 대중 산업으로 확장되었다.

제3절 기능성 소재와 기술

기능성 스포츠웨어는 스포츠 참여와 운동 수행을 지원하기 위해, 의복에 생리학적·환경적·역학적 요구를 반영한 제품이다. 일반 의류가 심미성과 일상 착용성을 중심으로 설계된다면, 기능성 스포츠웨어는 운동 중 발생하는 열·땀·마찰·충격·압력·가동성 문제를 해결하고, 궁극적으로 수행능력 향상과 안전 확보를

목표로 한다. 최근에는 센서, 데이터, 지속가능 소재, 스마트 생산 공정이 접목되면서 기능성 스포츠웨어는 단순 의류가 아니라 기술 기반 퍼포먼스 플랫폼으로 확장되고 있다.

1. 기능성 스포츠웨어의 개념

기능성 스포츠웨어는 특정 스포츠 상황에서 발생하는 신체·환경 요구를 만족시키기 위해 설계된 의류로, 핵심은 "운동 수행에 유리한 조건을 만들어주는 옷"이라는 점이다. 이를 이해하기 위해서는 기능성의 범위를 단순히 '통기성'이나 '흡습속건'에 국한하지 않고, 스포츠웨어가 제공하는 성능을 체계적으로 볼 필요가 있다.

첫째, 기능성 스포츠웨어는 생리학적 기능을 지원한다. 운동 중 체온이 상승하면 인체는 발한을 통해 열을 방출한다. 그러나 땀이 피부 표면에 오래 머물면 체온 조절이 어려워지고, 쓸림과 냉감, 피부 트러블이 발생한다. 기능성 스포츠웨어는 땀을 빠르게 흡수하고 외부로 이동시키며(흡습), 빨리 마르게(속건) 하여 체온과 쾌적감을 유지한다.

둘째, 역학적 기능(움직임 지원)이 중요하다. 스포츠 동작은 반복적이고 범위가 크며, 관절 가동과 근육 수축이 연속적으로 일어난다. 의류가 동작을 제한하거나 특정 부위에 응력이 집중되면 피로가 증가하고, 장기적으로는 부상 위험이 커진다. 따라서 기능성 스포츠웨어는 신축성과 패턴 설계, 봉제 방식 등을 통해 가동성을 확보하고, 압박(compression) 설계를 통해 근육 진동 감소·자세 안정·혈류 보조 등의 효과를 노린다.

셋째, 기능성 스포츠웨어는 환경 대응 기능을 수행한다. 야외 스포츠는 바람, 비, 추위, 강한 일사, 미세먼지 등 다양한 환경 요소와 결합된다. 이에 따라 방풍·방수·발수·보온·자외선 차단 같은 기능이 필요하며, 특히 레이어링(겹쳐 입기) 시스템을 통해 체온 조절과 환경 적응을 효율화한다.

넷째, 최근 기능성 스포츠웨어는 정보·데이터 기능으로 확장된다. 의복이 단순 착용물이 아니라 센서와 플랫폼을 통해 운동 데이터를 수집하고 피드백을 제공하는 방향으로 진화하고 있다. 스마트웨어는 심박, 호흡, 자세, 움직임을 측정해 훈련 효율을 높이는 솔루션으로 발전 중이다.

정리하면 기능성 스포츠웨어는 '기능이 추가된 옷'이 아니라, 운동 수행과 안전, 환경 적응을 통합적으로 지원하는 고기능 제품 체계로 이해해야 한다.

2. 주요 기능성 소재 기술

기능성 스포츠웨어의 성능은 디자인만으로 완성되지 않는다. 핵심은 소재이며, 소재 기술은 섬유의 구성, 직물 구조, 후가공

(코팅·라미네이션 등), 복합 소재 조합을 통해 구현된다. 주요 기능성 소재 기술을 기능별로 정리하면 다음과 같다.

(1) 흡습속건(Moisture Management) 기술

운동 중 땀을 효율적으로 처리하는 기술이다. 원리는 피부면에서 외부면으로 수분을 이동시키는 모세관 작용과 표면 에너지 조절에 기반한다. 일반적으로 내부는 흡수성이 높고 외부는 확산·증발이 빠르도록 설계된 이중 구조(2-layer) 직물이 사용된다. 폴리에스터 기반의 기능성 원사가 널리 쓰이며, 단면을 이형(십자, Y자 등)으로 설계해 수분 이동을 강화하기도 한다.

(2) 통기(Ventilation)·열관리(Thermal Regulation) 기술

통기성은 땀 증발과 열 방출에 핵심이다. 메쉬 구조, 니트 조직 변화, 레이저 펀칭, 통기 패널 배치 등으로 구현된다. 열관리는 단순히 '따뜻하게'가 아니라 열을 언제/어디서/얼마나 배출할지의 조절 문제다. 고강도 운동에서는 열 배출이, 저강도 또는 휴식 구간에서는 보온이 필요하므로, 부위별로 원단 밀도와 구조를 달리하는 '바디 맵핑(body mapping)' 접근이 일반적이다.

(3) 방수·방풍·발수(Weather Protection) 기술

야외 활동복에서 핵심이다.

발수(DWR)는 물방울이 표면에서 구르는 특성을 제공해 가벼운 비를 막는다. 방수는 원단 내부로 물이 침투하지 않도록 코팅 또는 멤브레인 구조를 사용한다. 방풍은 공기 투과를 줄여 체온 손실을 방지한다.

방수·투습(Waterproof-Breathable) 기술은 '비는 막고 땀 수증기는 내보내는' 균형이 중요하며, 이를 위해 멤브레인 라미네이션, 심실링(seam sealing), 지퍼 방수 설계 등 의복 전체 구성 기술이 함께 요구된다.

(4) 스트레치(Stretch)·회복력(Recovery) 기술

스포츠웨어에서 신축성은 필수 기능이다. 스판덱스(엘라스테인) 혼용이 대표적이며, 2-way/4-way 스트레치 구조를 통해 다방향 움직임을 지원한다. 중요한 것은 단순히 늘어나는 것이 아니라 원래 형태로 돌아오는 회복력과 반복 신장에 대한 내구성이다. 또한 부위별로 신축 정도를 다르게 설계해 안정성과 가동성을 동시에 확보한다.

(5) 압박(Compression)·지지(Support) 소재

압박웨어는 근육 진동을 줄이고, 피로감 감소 및 자세 안정에 도움을 주는 것으로 알려져 있다. 이를 위해 고탄성 원사, 높은 조직 밀도, 부위별 압박 구배(gradient compression) 설계가 사용된다. 다만 과도한 압박은 혈류 장애나 불편감을 유발할 수 있어, 종목·착용 시간·강도에 맞는 설계가 중요하다.

(6) 내마모·내구·보강 소재

등산, 트레일 러닝, 사이클 등에서는 마찰과 찢김에 대한 저항이 중요하다. 고밀도 직조, 보강 패널, 립스톱(ripstop) 구조, 내마모 코팅 등을 통해 내구성을 높이며, 착용 부위별로 보강 원단을 배치해 수명을 연장한다.

(7) 항균·소취·위생 기능

땀과 체열이 결합되면 박테리아 증식과 냄새가 발생한다. 항균 가공, 소취 기능성 섬유, 은(Ag)계 또는 기타 항균 처리 등이 활용된다. 다만 피부 민감도와 세탁 내구성을 고려해야 하며, 기능 지속성이 제품 신뢰를 좌우한다.

(8) 지속가능 기능성 소재

최근 스포츠웨어는 성능뿐 아니라 환경성과 윤리성이 중요해졌다. 재활용 폴리에스터, 바이오 기반 섬유, 친환경 발수 가공, 공정 단축 기술 등이 확대되고 있다. 지속가능 소재는 '친환경' 자체가 마케팅 포인트가 되기도 하지만, 동시에 품질·내구·가격 경쟁력과 함께 설계되어야 시장에서 확장된다.

3. 인체공학적 설계와 기술 융합

기능성 소재가 "재료의 성능"이라면, 인체공학적 설계는 그 성능이 실제 착용 상황에서 발휘되도록 만드는 "구조의 기술"이다. 현대 스포츠웨어는 소재만 좋다고 완성되지 않으며, 패턴·봉제·구조 설계와 디지털 기술이 결합될 때 최적의 퍼포먼스를 제공한다.

(1) 인체공학적 패턴 설계

스포츠웨어 패턴은 정적 자세가 아니라 동적 자세를 기준으로 설계한다. 예를 들어 사이클 웨어는 전방 굴곡 자세를 고려한 프리벤트(pre-bent) 패턴을 적용하고, 러닝웨어는 팔 스윙과 보폭을 방해하지 않도록 어깨·고관절 가동선에 여유와 절개선을 설계한다. 또한 겨드랑이 거셋(gusset), 라글란(raglan) 소매, 인체 곡면을 따른 절개선은 가동성 확보와 쏠림 감소에 효과적이다.

(2) 봉제·접합 기술의 고도화

움직임이 많은 부위에서는 봉제선이 피부 마찰과 통증을 유발할 수 있다. 이를 줄이기 위해 플랫락(flatlock), 본딩(bonding), 무봉제(seamless), 초음파 접합 등이 활용된다. 특히 본딩과 무봉제 기술은 착용감을 개선하고 공기저항을 줄이는 데 유리하지만, 세탁 내구성·박리 문제를 해결해야 한다.

(3) 바디 맵핑(Body Mapping) 설계

현대 스포츠웨어는 부위별로 요구 기능이 다르다는 점에 주목한다. 땀이 많이 나는 등·겨드랑이에는 통기 패널을, 마찰이 많은 부위에는 내구 보강 패널을, 근육 지지가 필요한 부위에는 압박 패널을 배치하는 방식이다. 이는 소재 기술과 패턴 설계가 결합되는 대표 사례이며, "한 벌의 옷 안에 기능을 분할 설계"하는 접근이다.

(4) 디지털 기술과의 융합

최근 스포츠웨어는 3D 바디 스캔, 디지털 패턴, 가상 피팅, 데이터 기반 사이징 등 디지털 설계를 적극 도입한다. 이는 착용자의 체형 다양성을 반영하고, 샘플 제작 비용과 시간을 줄이며, 맞춤형 제품 개발을 가능하게 한다. 또한 웨어러블 센서와 연동되는 스마트웨어는 운동 데이터를 수집·분석해 개인 맞춤 코칭과 연결될 수 있다.

(5) 스포츠테크 기반 제품 서비스화

웨어러블과 앱, 플랫폼이 결합되면 스포츠웨어는 단순 상품

이 아니라 서비스로 확장된다. 예를 들어 압박웨어+자세 분석, 러닝웨어+훈련 프로그램, 스마트웨어+구독형 피드백 서비스처럼 '제품-데이터-코칭'이 연결되면서 스포츠웨어 산업은 제조업을 넘어 서비스 산업의 성격을 강화한다.

제4절 패션·라이프스타일 스포츠웨어

1. 스포츠웨어와 패션의 결합

현대 스포츠웨어 산업의 중요한 변화 중 하나는 스포츠웨어가 패션과 라이프스타일 영역으로 확장되었다는 점이다. 스포츠 활동 이후에도 착용 가능한 디자인, 일상복과 조화를 이루는 스타일은 스포츠웨어의 소비층을 크게 확대시켰다.

이러한 흐름은 스포츠웨어가 기능 중심 제품에서 문화적·상징적 소비재로 전환되고 있음을 보여준다.

2. 라이프스타일 스포츠웨어의 산업적 의미

라이프스타일 스포츠웨어는 스포츠웨어 산업의 시장 규모를 확대하는 핵심 동력이다. 소비자는 스포츠 참여 여부와 관계없이 스포츠웨어를 구매하며, 이는 스포츠웨어 산업이 경기 성과 중심 시장에서 벗어나 안정적인 소비 시장을 확보하게 만든다.

이 영역에서는 기능과 디자인의 균형, 브랜드 이미지, 트렌드 대응력이 중요한 경쟁 요소로 작용한다.

3. 브랜드 전략과 소비자 정체성

패션·라이프스타일 스포츠웨어는 소비자의 정체성 표현 수단으로 기능한다. 소비자는 스포츠웨어를 통해 활동적 이미지, 건강한 라이프스타일, 특정 스포츠 문화에 대한 소속감을 표현한다.

이로 인해 스포츠웨어 브랜드는 기능적 우수성뿐 아니라, 문화적 메시지와 스토리텔링을 중심으로 브랜드 전략을 전개한다.

제5절 지속가능 스포츠웨어 산업

1. 지속가능성의 필요성과 배경

스포츠웨어 산업은 합성섬유 사용 비중이 높고, 글로벌 생산·유통 구조를 갖고 있어 환경적·사회적 영향이 큰 산업이다. 이에 따라 지속가능성은 스포츠웨어 산업의 선택이 아닌 필수 과제로 부상하고 있다.

환경 보호, 자원 절약, 노동 윤리 문제는 스포츠웨어 산업의 신뢰성과 장기 경쟁력을 좌우하는 요소로 작용한다.

2. 친환경 소재와 생산 방식

지속가능 스포츠웨어 산업에서는 재활용 섬유, 친환경 염색 공정, 에너지 절감 생산 방식이 적극적으로 도입되고 있다. 이러한 노력은 환경 부담을 줄이는 동시에, 소비자 인식 변화에 대응하는 전략적 선택이기도 하다.

3. 지속가능성과 산업 경쟁력

지속가능성은 단순한 윤리적 요구를 넘어, 스포츠웨어 산업의 차별화 전략으로 작용한다. 환경과 사회적 책임을 고려한 브랜드는 소비자의 신뢰를 얻고, 장기적인 시장 경쟁력을 확보할 수 있다.

다만 지속가능 스포츠웨어 산업의 확산을 위해서는 기술 개발, 비용 구조 개선, 소비자 인식 제고가 함께 이루어져야 한다.

내용요약

제12장은 스포츠웨어 산업을 발전 과정, 기능성 기술, 패션·라이프스타일 확장, 지속가능성이라는 네 가지 관점에서 분석하였다. 스포츠웨어 산업은 스포츠산업 내에서 가장 빠르게 변화하고 확장되는 영역 중 하나로, 기술 혁신과 문화적 소비, 환경적 책임이 결합된 미래 지향적 산업임을 확인하였다.

제7부

스포츠 미디어·콘텐츠 산업

제13장
스포츠 미디어 산업

제1절 스포츠 미디어 산업의 개요

스포츠 미디어 산업은 스포츠를 콘텐츠로 전환하여 대중에게 전달하고, 이를 통해 경제적 가치를 창출하는 산업 영역이다. 이 산업은 스포츠 경기의 현장성과 경쟁성을 미디어 기술로 확장함으로써 관람 범위를 극대화하고, 스포츠산업 전체의 시장 규모를 확대하는 핵심 역할을 수행한다.

스포츠 미디어 산업의 핵심 자산은 콘텐츠와 권리이다. 스포츠 경기는 일회적 사건이지만, 미디어를 통해 재가공·재유통되며 반복적으로 소비된다. 이러한 특성은 스포츠 미디어 산업을 시간과 공간의 제약을 넘어서는 확장 산업으로 만든다.

제2절 스포츠 방송과 중계권 시장

스포츠 방송은 현대 스포츠산업의 핵심 축 가운데 하나로, 경기의 가치를 콘텐츠 자산으로 전환하는 과정이다. 경기 자체는 특정 시간과 공간에서 이루어지는 일회성 이벤트이지만, 방송과 디지털 플랫폼을 통해 전 세계로 확산되면서 반복 소비가 가능한 콘텐츠로 재구성된다. 이 과정에서 스포츠는 단순한 현장 관람 산업을 넘어 미디어 산업, 광고 산업, 플랫폼 산업과 결합한 복합 비즈니스로 발전한다.

특히 중계권은 프로스포츠 리그와 구단의 주요 수익원으로 자리 잡았으며, 방송사와 플랫폼 기업의 콘텐츠 확보 경쟁을 촉발하는 핵심 자산이다. 따라서 스포츠 방송과 중계권 시장을 이해하는 것은 스포츠산업 전체의 수익 구조와 권력 관계를 이해하는 데 필수적이다.

1. 스포츠 방송의 산업적 의미

스포츠 방송의 가장 중요한 산업적 의미는 스포츠를 대중 콘텐츠로 전환시킨다는 점이다. 방송 이전의 스포츠는 경기장을 중심으로 한 지역적 이벤트였지만, 방송 기술의 발전은 스포츠를 시간과 공간의 제약에서 해방시켰다. 텔레비전은 스포츠를 가정으로 전달했고, 위성·케이블 방송은 채널 수를 확대했으며, 인터넷과 모바일 플랫폼은 언제 어디서나 시청할 수 있는 환경을 만들었다.

이러한 변화는 스포츠산업의 수익 구조를 근본적으로 바꾸었다. 과거에는 입장권 수익이 주요 재원이었지만, 방송이 확산되면서 광고 수익과 중계권료가 핵심 재원으로 부상하였다. 방송사는 높은 시청률을 확보할 수 있는 스포츠 콘텐츠에 투자하고, 광고주는 스포츠의 높은 주목도와 감정 몰입도를 활용해 브랜드 메시지를 전달한다. 스포츠는 실시간성이 강하고 결과의 불확실성이 존재하기 때문에 시청자가 이탈하지 않는 특성을 가지며, 이는 광고 효과를 극대화하는 요인으로 작용한다.

또한 스포츠 방송은 리그와 구단의 브랜드 가치를 확대한다. 경기 장면은 하이라이트, 분석 프로그램, SNS 콘텐츠, 다큐멘터리 등 다양한 2차 콘텐츠로 재생산되며, 이는 팬 기반 확대와 글로벌 시장 진출의 기반이 된다. 즉 스포츠 방송은 단순한 중계가

아니라 콘텐츠 생산과 유통의 중심 플랫폼으로 기능한다.

더 나아가 방송은 스포츠 규칙과 경기 운영 방식에도 영향을 미친다. 경기 시간 조정, 광고 타임아웃, 카메라 친화적 연출, VAR과 같은 영상 기술 도입은 모두 방송 환경과 밀접하게 연결되어 있다. 이처럼 스포츠 방송은 스포츠 자체의 형식과 경험을 재구성하는 산업적 힘을 가진다.

2. 중계권의 개념과 구조

중계권은 특정 스포츠 경기나 리그를 영상·음성으로 송출할 수 있는 독점적 권리를 의미한다. 이는 스포츠 조직이 보유한 지식재산권의 일종으로, 방송사나 플랫폼 사업자는 중계권료를 지불하고 해당 콘텐츠를 송출할 권리를 획득한다.

중계권 구조는 일반적으로 다음과 같은 단계로 구성된다.

첫째, 권리 보유 주체는 리그, 협회, 대회 조직위원회 등이다. 일부 종목에서는 구단이 개별적으로 중계권을 보유하기도 하지만, 최근에는 리그 단위로 권리를 통합하여 판매하는 방식이 일반적이다. 이는 리그 전체의 협상력을 높이고 수익을 균등하게 배분하기 위한 전략이다.

둘째, 권리 유형은 매체와 지역에 따라 세분화된다. 지상파, 케이블, 위성, IPTV, OTT, 모바일 등 플랫폼별 권리가 구분되며,

국내권과 해외권, 실시간 중계권과 하이라이트·클립 권리, VOD 권리 등으로 나뉜다. 이러한 세분화는 동일한 콘텐츠를 여러 방식으로 판매하여 수익을 극대화하기 위한 구조이다.

셋째, 수익 배분 구조는 리그 운영 방식과 밀접하다. 일부 리그는 중계권료를 중앙에서 통합 관리한 뒤 구단에 균등 또는 성적·시장 규모에 따라 배분한다. 이는 경쟁 균형을 유지하고 리그 전체의 안정성을 확보하기 위한 장치로 작동한다.

넷째, 중계권 계약은 장기 계약 형태를 취하는 경우가 많다. 이는 방송사가 안정적으로 콘텐츠를 확보하고, 리그가 장기적 재정을 계획할 수 있도록 한다. 그러나 미디어 환경 변화가 빠른 최근에는 단기 계약이나 플랫폼 혼합 계약이 증가하고 있다.

중계권은 단순한 방송 권리가 아니라 스포츠 콘텐츠의 경제적 가치 평가 기준으로 작용한다. 중계권료의 규모는 리그의 인기, 시장 규모, 글로벌 팬층, 광고 가치 등을 반영하며, 이는 곧 해당 스포츠의 산업적 위상을 나타내는 지표가 된다.

3. 중계권 시장의 변화와 경쟁

최근 중계권 시장은 디지털 기술과 플랫폼 경쟁의 확대로 급격한 변화를 겪고 있다. 가장 큰 변화는 OTT와 스트리밍 서비스의 등장이다. 전통적인 방송사가 스포츠 중계의 중심이었던 과거와 달리, 현재는 글로벌 플랫폼 기업이 중계권 경쟁에 참여하면서 권리 가격이 상승하고 계약 구조가 복잡해졌다.

OTT는 이용자의 시청 데이터를 기반으로 맞춤형 콘텐츠 추천, 멀티 앵글 시청, 실시간 통계 제공 등 새로운 시청 경험을 제공한다. 이는 스포츠 중계가 단순한 영상 전달을 넘어 인터랙티브 콘텐츠로 발전하고 있음을 보여준다. 또한 구독형 모델을 통해 광고 의존도를 낮추고, 글로벌 동시 송출을 통해 새로운 시장을 창출하고 있다.

둘째, 중계권 시장에서는 플랫폼 간 경쟁이 심화되고 있다. 지상파와 케이블, OTT, 통신사 IPTV, 글로벌 플랫폼이 동일한 스포츠 콘텐츠를 놓고 경쟁하면서, 리그와 대회 조직은 권리 판매 전략을 다변화하고 있다. 일부 리그는 독점 계약을 통해 안정적 수익을 확보하고, 일부는 여러 플랫폼에 권리를 분할 판매하여 노출과 수익을 동시에 추구한다.

셋째, 직접 소비자 대상(D2C) 중계 모델이 등장하고 있다. 리그나 구단이 자체 플랫폼을 통해 중계를 제공하는 방식으로, 중간 매체를 거치지 않고 팬과 직접 연결된다. 이는 데이터 확보와 브랜드 통제력 측면에서 장점이 있지만, 기술 투자와 운영 비용 부담이 크다는 한계도 있다.

넷째, 글로벌 중계권 시장은 스포츠 간 경쟁도 심화시키고 있다. 인기 종목과 대형 이벤트는 높은 중계권료를 확보하는 반면,

비인기 종목은 플랫폼 확보에 어려움을 겪는다. 따라서 중계권 시장은 스포츠 종목 간 산업 격차를 확대하는 요인으로 작용하기도 한다.

마지막으로, 중계권 시장의 변화는 팬 경험에도 영향을 미친다. 다양한 플랫폼에서 콘텐츠를 소비할 수 있게 되었지만, 권리 분할로 인해 여러 서비스를 구독해야 하는 문제도 발생한다. 이에 따라 중계권 판매 전략은 단순한 수익 극대화를 넘어 팬 접근성과 경험을 고려한 방향으로 조정되고 있다.

제3절 디지털 미디어와 OTT

디지털 미디어의 확산은 스포츠산업의 가치사슬을 재편하고 있다. 과거 스포츠 콘텐츠는 방송사가 편성한 시간에 시청자가 맞춰 보는 방식이 일반적이었으나, 오늘날 스포츠는 스마트폰과 플랫폼을 통해 언제 어디서나 소비되는 콘텐츠가 되었다. 특히 OTT(Over-The-Top) 플랫폼은 스포츠 중계와 하이라이트, 다큐멘터리, 숏폼 클립을 통합적으로 제공하며 팬 경험을 '방송'에서 '플랫폼 서비스'로 전환시키고 있다. 이러한 변화는 중계권 시장, 광고와 스폰서십, 팬 데이터 활용, 구단·리그의 경영 전략에 광범위한 영향을 미치며, 스포츠산업의 경쟁 구조를 플랫폼 중심으로

이동시키는 핵심 동인이 된다.

1. 디지털 미디어 환경의 변화

디지털 미디어 환경 변화의 핵심은 시청 방식의 변화, 콘텐츠 형태의 다변화, 유통 구조의 플랫폼화, 데이터 기반 개인화로 정리할 수 있다.

첫째, 시청 방식은 '정해진 시간에 보는 선형(Linear) 시청'에서 '원하는 시간에 선택하는 비선형(Non-linear) 시청'으로 이동했다. 이용자는 생중계를 보기도 하지만, 하이라이트나 주요 장면만 골라 보고, 경기 중에도 멀티태스킹을 하며, 소셜미디어에서 공유되는 클립을 통해 스포츠를 접한다. 스포츠의 강점이었던 실시간성은 여전히 중요하지만, 디지털 환경에서는 실시간성만으로는 충분하지 않으며 재시청·클립 소비·온디맨드 소비가 동시에 확대된다.

둘째, 콘텐츠 형태는 장편 중계에서 숏폼 중심으로 다양화된다. 한 경기의 전체 중계뿐 아니라, 득점 장면, 명장면, 논란 장면, 선수 리액션, 비하인드 스토리, 분석 콘텐츠 등 '분절된 콘텐츠'가 소비를 견인한다. 이는 스포츠 콘텐츠가 '한 편의 방송 프로그램'이 아니라 여러 조각으로 분해되어 유통되는 콘텐츠 패키지로 전환되고 있음을 의미한다.

셋째, 유통 구조가 플랫폼화되면서 콘텐츠의 경쟁은 "무엇을 중계하느냐"에서 "어디에서, 어떤 경험으로 제공하느냐"로 이동한다. 플랫폼은 단순한 유통 채널이 아니라 검색·추천·커뮤니티·결제·광고가 결합된 서비스 생태계이며, 이용자는 콘텐츠 자체뿐 아니라 플랫폼의 사용 편의성과 기능(알림, 클립 공유, 통계 제공 등)을 함께 소비한다.

넷째, 디지털 미디어는 데이터 기반 개인화를 가능하게 한다. 플랫폼은 이용자의 시청 시간, 선호 팀·선수, 시청 장면, 이탈 구간, 클릭 패턴 등을 측정하여 추천 알고리즘을 운영한다. 스포츠 산업은 이 데이터를 통해 팬을 '집단 관중'이 아니라 세분화된 고객 세그먼트로 이해하고, 맞춤형 마케팅과 상품화 전략을 설계할 수 있게 되었다.

2. OTT 플랫폼과 스포츠 콘텐츠

OTT는 인터넷 기반으로 영상 콘텐츠를 제공하는 서비스로, 스포츠 콘텐츠에서는 특히 생중계(라이브) + VOD(다시보기) + 클립(하이라이트) + 부가 기능(데이터·커뮤니티)을 결합해 차별화한다. 스포츠는 드라마나 영화와 달리 실시간성이 강하고 팬 충성도가 높기 때문에, OTT가 가입자를 확보하고 유지하는 데 매우 효과적인 콘텐츠로 평가된다.

첫째, OTT는 스포츠 중계를 '서비스화'한다. 전통 방송이 단일 화면과 해설 중심이었다면, OTT는 멀티 앵글, 선수별 카메라, 실시간 통계, 채팅, 즉시 하이라이트 제공 등 인터랙티브 기능을 제공할 수 있다. 이는 시청자를 수동적 관객에서 능동적 참여자로 전환시키며, 팬 경험을 확장한다.

둘째, OTT는 콘텐츠 포트폴리오를 확장한다. 경기 중계만으로는 시즌 외 기간의 이용자 이탈이 발생할 수 있으므로, OTT는 다큐멘터리, 선수·구단 예능, 훈련 비하인드, 분석 프로그램 등 비경기 콘텐츠(Shoulder content)를 강화한다. 이러한 콘텐츠는 팬의 감정적 몰입을 유지하고, 구독 지속률을 높이며, 광고·협찬 상품화를 가능하게 한다.

셋째, OTT는 중계권 계약 구조를 변화시킨다. 과거에는 방송사가 단일 패키지로 중계권을 구매하는 경우가 많았으나, OTT는 모바일 권리, 클립 권리, 해외 스트리밍 권리, 하이라이트 권리 등을 세분화하여 구매하거나, 특정 경기·특정 종목에 집중 투자하는 전략을 활용한다. 이는 리그와 구단에게는 수익 확대 기회를 제공하지만, 동시에 권리 구조를 복잡하게 만들고 팬 접근성을 저해할 수 있는 위험도 수반한다(플랫폼 분산으로 인한 '구독 피로').

넷째, OTT는 글로벌 확장에 유리하다. 전통 방송은 국가별 송출망과 편성 구조에 제약이 있지만, OTT는 지역 제한만 해결되면 비교적 손쉽게 해외 팬에게 접근할 수 있다. 특히 아시아 시장에서 스포츠 콘텐츠는 글로벌 팬덤을 형성하기 쉬운 영역이며, 이는 중계권의 해외 판매와 글로벌 스폰서 유치에도 영향을 미친다.

3. 디지털 미디어가 산업 구조에 미치는 영향

디지털 미디어와 OTT의 확산은 스포츠산업 구조를 수익 구조, 권력 구조, 마케팅 구조, 경영 전략 측면에서 재편한다.

첫째, 수익 구조가 다변화된다. 기존에는 중계권료와 광고가 핵심이었지만, OTT 환경에서는 구독료, 광고 기반 무료 모델(AVOD), 혼합형 모델(하이브리드), 유료 회원 멤버십, 마이크로 결제(경기 단품 구매) 등 다양한 과금 방식이 등장한다. 또한 클립 콘텐츠와 SNS 유통이 확산되면서 짧은 콘텐츠 단위에서도 광고·스폰서십 수익을 창출할 수 있다.

둘째, 권력 구조가 변화한다. 전통적으로는 방송사가 콘텐츠 접근권을 통제했지만, 플랫폼 중심 환경에서는 OTT 기업과 통신사, 글로벌 빅테크가 중계권 시장의 주요 플레이어로 부상한다. 이들은 데이터와 결제 인프라, 추천 알고리즘을 통해 팬 접점을 장악하며, 리그·구단은 '콘텐츠 제공자'로서 플랫폼과 협상해야 하는 구조에 놓이기도 한다. 반대로 일부 리그는 자체 플랫폼(D2C)을 구축해 팬과 직접 연결되려는 전략을 추진하며, 이는 산업 구조의 중요한 변화 방향이다.

셋째, 마케팅 구조가 팬 데이터 중심으로 전환된다. 디지털 환경에서는 팬을 단순 시청률 지표로 보는 것이 아니라, 개인 수준의 행동 데이터로 분석할 수 있다. 이를 통해 리그·구단은 타깃 마케팅, 개인화된 상품 추천, 멤버십 운영, 커뮤니티 기반 CRM을 구축할 수 있으며, 스폰서에게도 더 정교한 효과 측정 지표를 제공할 수 있다. 즉 스폰서십도 단순 로고 노출이 아니라 데이터 기반 성과형 스폰서십으로 진화한다.

넷째, 콘텐츠 제작 방식이 변화한다. 디지털 환경에서는 숏폼, 세로 영상, SNS 친화적 편집, 실시간 밈(meme) 확산 등 새로운 제작 관행이 필요하다. 이로 인해 구단과 리그는 기존 방송 제작에만 의존하기보다, 자체 콘텐츠 팀을 강화하고 미디어 기업처럼 운영하는 방향으로 발전한다. 즉 스포츠 조직이 '경기 운영 조직'에서 '콘텐츠 제작 조직'으로 확장되는 것이다.

다섯째, 팬 경험의 기준이 달라진다. 팬은 더 이상 경기장 관람이나 TV 시청만으로 만족하지 않으며, 하이라이트의 속도, 데이터 제공, 소통 기능, 커뮤니티 참여, 굿즈 구매, 멤버십 혜택이 결합된 통합 경험을 기대한다. 디지털 미디어는 팬 경험을 고도화할 수 있지만, 동시에 플랫폼 분산과 유료화 확대로 팬의 비용 부담을 증가시킬 수 있어, 산업적 균형이 중요해진다.

마지막으로, 디지털 미디어는 종목 간 격차를 확대하거나 축소할 수 있다. 인기 종목은 OTT 경쟁을 통해 중계권 가치가 상승할 수 있지만, 비인기 종목은 오히려 플랫폼을 통해 접근성을 높여 새로운 팬을 확보할 기회도 얻는다. 즉 디지털 환경은 종목별로 위기이자 기회로 작용하며, 각 종목의 콘텐츠 전략과 팬 커뮤니티 구축 역량이 산업 경쟁력을 좌우한다.

제4절 스포츠 저작권과 초상권

1. 스포츠 저작권의 개념과 범위

스포츠 저작권은 스포츠 경기와 관련된 영상, 사진, 기록, 그래픽 콘텐츠 등에 부여되는 권리를 의미한다. 스포츠 경기는 그 자체로는 저작권 보호 대상이 되기 어렵지만, 이를 촬영·편집·제작한 영상 콘텐츠는 저작권 보호를 받는다.

저작권은 스포츠 미디어 산업의 수익 구조를 보호하는 핵심 법적 장치로 기능한다.

2. 초상권과 퍼블리시티권

초상권은 개인의 얼굴과 모습이 무단으로 사용되지 않도록 보호하는 권리이며, 스포츠산업에서는 선수의 초상권이 중요한 경제적 자산으로 활용된다. 선수의 이미지와 명성은 광고, 상품, 콘텐츠를 통해 상업적 가치로 전환된다.

이 과정에서 초상권과 퍼블리시티권의 범위와 사용 조건은 스포츠 미디어 산업에서 중요한 법적 쟁점으로 작용한다.

3. 권리 관리와 분쟁 문제

스포츠 미디어 산업에서는 저작권과 초상권의 귀속과 수익 배분을 둘러싼 분쟁이 빈번하게 발생한다. 권리 관리 체계의 명확성은 산업 신뢰도를 높이는 데 필수적이며, 이는 계약과 제도적 장치를 통해 확보된다.

제5절 스포츠 미디어 비즈니스 모델

1. 광고 기반 비즈니스 모델

전통적인 스포츠 미디어 비즈니스 모델은 광고 수익을 중심으로 구성된다. 높은 시청률과 팬 충성도는 광고 단가를 높이며, 이는 스포츠 미디어 산업의 안정적인 수익원이 되어 왔다.

광고 기반 모델은 대중적 스포츠 콘텐츠에서 여전히 중요한 위치를 차지한다.

2. 구독·유료 콘텐츠 모델

디지털 미디어 환경에서는 구독 기반과 유료 콘텐츠 모델이 확대되고 있다. 팬은 특정 리그나 팀의 콘텐츠를 지속적으로 소비하기 위해 구독료를 지불하며, 이는 스포츠 미디어 산업의 수익 구조를 다변화한다.

이 모델은 팬과의 장기적 관계 형성에 유리하지만, 콘텐츠 품질과 차별화가 필수적이다.

3. 데이터·플랫폼 기반 확장 모델

최근 스포츠 미디어 산업에서는 데이터 분석과 플랫폼 서비스를 결합한 새로운 비즈니스 모델이 등장하고 있다. 시청자 데이터, 팬 행동 분석, 맞춤형 광고와 콘텐츠 제공은 스포츠 미디어 산업의 부가가치를 확대하는 핵심 요소로 작용한다.

이러한 모델은 스포츠 미디어 산업을 단순한 콘텐츠 산업에서 데이터 기반 산업으로 전환시키고 있다.

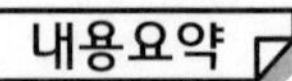

제13장은 스포츠 미디어 산업을 스포츠 방송과 중계권 시장, 디지털 미디어와 OTT, 저작권과 초상권, 비즈니스 모델의 관점에서 분석하였다. 스포츠 미디어 산업은 스포츠산업의 확장성과 수익성을 결정하는 핵심 영역으로, 기술 발전과 권리 관리, 수익 모델 혁신을 통해 지속적으로 진화하고 있음을 확인하였다.

제14장
스포츠 콘텐츠와 신산업

제1절 스포츠 콘텐츠와 신산업의 등장 배경

스포츠산업은 오랫동안 경기와 이벤트를 중심으로 성장해 왔으나, 디지털 기술의 발전과 미디어 환경의 변화로 인해 콘텐츠 중심 산업 구조로 빠르게 전환되고 있다. 현대 스포츠 소비자는 경기 결과만을 소비하지 않으며, 경기 전후의 이야기, 선수의 일상, 데이터 기반 분석, 팬 참여형 콘텐츠 등을 함께 소비한다.

이러한 변화는 스포츠를 단순한 경기 산업에서 지속적으로 재생산 가능한 콘텐츠 산업으로 확장시키는 계기가 되었으며, 그 과정에서 e스포츠, 스포츠 데이터·분석 산업, 플랫폼 기반 비즈니스와 같은 신산업이 등장하게 되었다.

제2절 스포츠 콘텐츠 산업의 확장

현대 스포츠산업에서 가장 두드러진 변화 중 하나는 스포츠가 더 이상 경기 자체에만 머물지 않고, 다양한 형태의 콘텐츠로 확장되고 있다는 점이다. 스포츠 콘텐츠는 경기 장면, 기록, 선수 이야기, 팬 문화, 데이터, 디지털 경험 등을 포함하는 복합적 자산으로 발전하였다. 이러한 콘텐츠는 방송·OTT·소셜미디어·게임·교육·관광 등 여러 산업과 결합하며 새로운 시장을 형성한다. 따라서 스포츠 콘텐츠 산업은 단순한 미디어 영역이 아니라 스포츠산업 전체의 가치 창출 구조를 재편하는 핵심 요소로 이해할 수 있다.

1. 스포츠 콘텐츠의 개념과 범위

스포츠 콘텐츠는 스포츠와 관련된 모든 정보와 경험을 디지털·영상·텍스트·데이터 형태로 재구성한 결과물을 의미한다. 과거에는 경기 중계가 콘텐츠의 중심이었지만, 현재는 콘텐츠의 범위가 크게 확장되었다.

첫째, 경기 기반 콘텐츠가 있다. 이는 생중계, 하이라이트, 명장면 클립, 경기 분석 프로그램 등 경기 자체를 기반으로 제작되는 콘텐츠이다. 경기 콘텐츠는 스포츠 콘텐츠 산업의 핵심이며, 여전히 가장 높은 경제적 가치를 가진다.

둘째, 스토리 기반 콘텐츠가 있다. 선수의 성장 과정, 팀의 역사, 시즌 다큐멘터리, 비하인드 영상, 인터뷰, 예능형 프로그램 등이 여기에 포함된다. 이러한 콘텐츠는 경기 결과와 무관하게 팬의 감정적 몰입을 유지하며, 시즌 외 기간에도 소비가 가능하다는 점에서 중요하다.

셋째, 데이터 기반 콘텐츠가 있다. 기록 분석, 전술 분석, 퍼포먼스 데이터 시각화, 판타지 스포츠, 통계 서비스 등은 스포츠를 정보 콘텐츠로 전환시킨다. 이는 단순 관람을 넘어 참여형 소비를 가능하게 하며, 스포츠테크 산업과 연결된다.

넷째, 참여형·인터랙티브 콘텐츠가 있다. e스포츠, 스포츠 게임, VR/AR 체험, 팬 투표, 실시간 채팅, 챌린지 콘텐츠 등은 팬이 콘텐츠 생산과 소비에 동시에 참여하게 만든다.

다섯째, 교육·지식 콘텐츠가 있다. 코칭 영상, 트레이닝 프로그램, 스포츠 과학 콘텐츠, 규칙 설명, 전술 강의 등은 스포츠 참여자와 지도자를 대상으로 한 지식 산업을 형성한다.

이처럼 스포츠 콘텐츠의 범위는 경기에서 출발하여 이야기, 데이터, 참여, 교육으로 확장되며, 이는 스포츠를 지속적으로 소비 가능한 콘텐츠 자산으로 만든다.

2. 스포츠 콘텐츠의 다층화와 재가공

스포츠 콘텐츠 산업의 핵심 특징은 하나의 경기나 사건이 여러 단계로 재가공되어 다양한 형태의 콘텐츠로 생산된다는 점이다. 이를 '콘텐츠의 다층화'라고 할 수 있다.

첫째, 시간 축의 다층화가 이루어진다. 하나의 경기는 생중계로 소비된 뒤, 하이라이트, 주요 장면 클립, 분석 영상, 리뷰 프로그램, 다큐멘터리 등으로 재가공된다. 이 과정에서 콘텐츠의 길이와 형식이 다양해지며, 서로 다른 플랫폼에서 서로 다른 방식으로 소비된다.

둘째, 플랫폼 축의 다층화가 나타난다. 동일한 경기 콘텐츠라도 TV 중계, OTT, 유튜브 클립, SNS 숏폼, 포털 기사, 팟캐스트 등 여러 플랫폼에서 다른 형태로 제공된다. 이는 콘텐츠의 도달 범위를 확대하고, 플랫폼별 수익 모델을 가능하게 한다.

셋째, 참여 축의 다층화가 이루어진다. 팬은 단순히 콘텐츠를 시청하는 것을 넘어, 댓글·공유·밈 생성·2차 편집 등을 통해 콘텐츠 생산 과정에 참여한다. 이러한 사용자 생성 콘텐츠(UGC)는 스포츠 콘텐츠의 확산 속도를 높이고, 팬 커뮤니티를 강화한다.

넷째, 상업화 축의 다층화가 진행된다. 콘텐츠는 광고, 스폰서십, 브랜드 협업, 유료 구독, 굿즈 판매, 이벤트 참여 등 다양한 방식으로 수익화된다. 특히 인기 장면이나 선수 이미지는 상품화(IP)로 연결되어 추가 수익을 창출한다.

다섯째, 기술 기반 재가공이 확대된다. AI 하이라이트 자동 생성, 데이터 시각화, 인터랙티브 그래픽, 멀티 앵글 영상 등은 콘텐츠 제작 비용을 낮추고 생산 속도를 높인다. 이는 중소 리그나 비인기 종목도 콘텐츠 산업에 참여할 수 있는 기반을 제공한다.

결과적으로 스포츠 콘텐츠는 하나의 원천 이벤트에서 출발하여 다층적 가치사슬을 형성하며, 콘텐츠 재가공 능력이 곧 산업 경쟁력으로 작용한다.

3. 콘텐츠 중심 스포츠산업의 산업적 의미

스포츠 콘텐츠 산업의 확장은 스포츠산업의 구조를 '경기 중심'에서 '콘텐츠 중심'으로 전환시키고 있다. 이는 여러 측면에서 산업적 의미를 가진다.

첫째, 수익 구조의 다변화가 가능해진다. 콘텐츠는 광고, 구독, 스폰서십, IP 상품화, 데이터 서비스 등 다양한 방식으로 수익을 창출할 수 있다. 이는 입장권 의존도를 낮추고, 경기장 외부에

서도 지속적으로 수익을 발생시키는 구조를 만든다.

둘째, 글로벌 시장 진출이 용이해진다. 콘텐츠는 물리적 이동 없이도 해외 팬에게 전달될 수 있으며, 자막·번역·플랫폼 유통을 통해 글로벌 팬덤을 형성할 수 있다. 이는 중계권 판매와 스폰서십 확대, 해외 상품 판매로 이어진다.

셋째, 팬 경험의 연속성이 강화된다. 팬은 경기 당일뿐 아니라 평상시에도 콘텐츠를 통해 팀과 선수와 연결되며, 커뮤니티 활동과 멤버십 서비스에 참여한다. 이는 팬 충성도를 높이고 장기적인 고객 관계를 형성한다.

넷째, 스포츠 조직의 역할이 변화한다. 구단과 리그는 더 이상 경기 운영만 담당하는 조직이 아니라, 콘텐츠 제작과 유통을 수행하는 미디어 조직으로 확장된다. 자체 미디어 채널 운영, 콘텐츠 팀 구축, 데이터 분석 인력 확보가 새로운 핵심 역량이 된다.

다섯째, 종목 간 격차와 기회가 동시에 확대된다. 인기 종목은 콘텐츠 확산을 통해 더욱 큰 시장을 형성할 수 있지만, 비인기 종목도 디지털 플랫폼을 활용하면 낮은 비용으로 팬을 확보할 수 있다. 즉 콘텐츠 전략은 종목 경쟁력을 좌우하는 핵심 요소가 된다.

여섯째, 스포츠테크와의 결합이 촉진된다. 데이터 기반 분석, VR/AR 체험, 인터랙티브 중계 등은 콘텐츠를 기술 서비스로 전환하며, 새로운 산업 영역을 창출한다.

정리하면 스포츠 콘텐츠 산업의 확장은 스포츠의 경제적 가치를 경기 시간과 공간을 넘어 지속적으로 생성하게 하며, 스포츠산업을 콘텐츠·플랫폼·데이터 중심 산업으로 전환시키는 핵심 동력으로 작용한다.

제3절 e스포츠 산업

e스포츠는 디지털 기술의 발전과 함께 등장한 새로운 형태의 스포츠로, 게임을 기반으로 한 경쟁 활동이 조직화·제도화되면서 산업으로 발전한 영역이다. e스포츠는 전통 스포츠와 유사하게 리그, 구단, 선수, 팬, 스폰서, 중계권, 이벤트 구조를 갖추고 있지만, 동시에 디지털 콘텐츠 산업의 특성을 강하게 지닌다. 따라서 e스포츠 산업은 스포츠산업과 게임·미디어·플랫폼 산업이 융합된 하이브리드 산업으로 이해할 수 있다.

1. e스포츠의 개념과 산업적 성격

e스포츠는 컴퓨터 또는 콘솔 게임을 기반으로 한 경쟁 활동이 규칙과 리그 체계를 갖추고 조직적으로 운영되는 형태를 의미한다. 이는 단순한 게임 플레이가 아니라, 선수의 기술 수준, 팀 전

략, 경기 운영, 팬 관람, 중계와 해설, 스폰서십이 결합된 스포츠적 구조를 가진다.

e스포츠의 산업적 성격은 다음과 같은 특징을 통해 설명할 수 있다.

첫째, e스포츠는 디지털 기반 스포츠이다. 경기 공간이 물리적 경기장이 아니라 서버와 네트워크를 기반으로 하며, 온라인과 오프라인 대회가 결합된다. 이는 공간 제약을 낮추고 글로벌 동시 경쟁을 가능하게 한다.

둘째, e스포츠는 콘텐츠 중심 산업이다. 경기는 방송과 스트리밍을 통해 소비되며, 팬은 채팅·클립·밈 생성 등 콘텐츠 생산 과정에 참여한다. 즉 e스포츠는 경기와 콘텐츠 소비가 동시에 이루어지는 구조를 가진다.

셋째, e스포츠는 플랫폼 의존도가 높은 산업이다. 게임 퍼블리셔가 게임의 지식재산권(IP)을 보유하고 있으며, 이는 리그 운영과 중계권 구조에 직접적인 영향을 미친다. 전통 스포츠가 종목 자체의 소유권이 없는 것과 달리, e스포츠는 특정 기업이 종목을 통제하는 구조를 가진다는 점에서 차이가 있다.

넷째, e스포츠는 청소년·청년 중심의 팬 기반을 형성한다. 디지털 환경에 익숙한 세대가 주요 소비층이며, 모바일과 스트리밍을 통한 접근성이 높다. 이는 광고·브랜드 협업·굿즈 판매 방식에도 영향을 미친다.

2. e스포츠 산업 구조와 수익 모델

e스포츠 산업 구조는 전통 스포츠와 유사한 요소를 포함하면서도, 게임 퍼블리셔의 역할이 핵심이라는 점에서 차별화된다. 주요 참여 주체는 퍼블리셔, 리그 운영사, 구단, 선수, 플랫폼, 스폰서, 팬으로 구성된다.

첫째, 퍼블리셔는 게임의 IP를 보유하며, 리그 운영 방식과 대회 구조, 규칙을 결정하는 중요한 주체이다. 일부 퍼블리셔는 직접 리그를 운영하고, 일부는 외부 조직과 협력한다. 이는 종목의 지속 가능성과 산업 구조에 큰 영향을 미친다.

둘째, 리그와 대회는 산업의 중심이다. 프랜차이즈 리그, 오픈 토너먼트, 지역 리그 등 다양한 형태가 존재하며, 리그의 안정성과 경쟁 균형이 산업 가치에 영향을 미친다.

셋째, 구단과 선수는 콘텐츠 생산의 핵심이다. 구단은 선수 영입, 훈련, 마케팅, 팬 관리, 콘텐츠 제작을 담당하며, 선수는 경기뿐 아니라 스트리밍과 SNS 활동을 통해 개인 브랜드를 형성한다.

넷째, 플랫폼과 중계는 e스포츠 소비의 핵심 채널이다. 스트리밍 플랫폼은 실시간 채팅, 후원, 클립 생성 등 인터랙티브 기능을 제공하며, 이는 전통 스포츠 방송과 다른 소비 경험을 만든다.

다섯째, 스폰서와 브랜드는 주요 수익원이다. e스포츠는 장비 브랜드, IT 기업, 음료·식품 기업, 자동차 기업 등 다양한 산업과 협업하며, 팀 유니폼, 경기장, 방송 화면, 콘텐츠에 브랜드가 노출된다.

e스포츠의 주요 수익 모델은 다음과 같다.

- 스폰서십 및 광고
- 중계권 및 플랫폼 계약
- 프랜차이즈 참가비
- 굿즈 및 라이선싱
- 티켓 및 이벤트 수익
- 콘텐츠 후원 및 스트리밍 수익
- 게임 아이템 판매 및 배틀패스 연계 수익

특히 게임 내 아이템과 리그를 연계한 수익 모델은 e스포츠만의 특징으로, 팬 참여를 수익화하는 구조를 형성한다.

3. e스포츠 산업의 성장과 과제

e스포츠 산업은 글로벌 시장에서 빠르게 성장하고 있으며, 주요 국제 대회는 대규모 시청자와 스폰서를 확보하고 있다. 또한 아시아, 북미, 유럽을 중심으로 프랜차이즈 리그가 확대되고, 대학 e스포츠와 아마추어 리그도 활성화되고 있다. 이는 선수 양성, 직업 시장 확대, 관련 산업(장비, 콘텐츠, 교육)의 성장을 촉진한다.

그러나 e스포츠 산업은 여러 과제도 안고 있다.

첫째, 퍼블리셔 의존 구조가 산업 안정성을 제한할 수 있다. 특정 게임의 인기 하락이나 서비스 종료는 리그와 구단의 존속에 직접적인 영향을 미친다.

둘째, 수익 구조의 불균형 문제가 존재한다. 일부 인기 종목과 팀에 수익이 집중되며, 중소 팀과 하위 리그는 재정적 어려움을 겪는 경우가 많다.

셋째, 선수 경력의 단기성과 노동 환경 문제가 제기된다. 선수의 활동 기간이 짧고, 부상 대신 건강 문제(손목·시력·정신 건강 등)가 발생할 수 있으며, 계약 구조의 투명성과 복지 제도가 중요한 과제로 떠오르고 있다.

넷째, 사회적 인식과 제도화 문제가 있다. e스포츠의 스포츠 인정 여부, 교육과정 편입, 병역 특례, 체육 정책 내 위치 등은 국가별로 차이가 있으며, 제도적 기반이 산업 발전에 영향을 미친다.

다섯째, 콘텐츠 경쟁 심화가 진행되고 있다. e스포츠는 다른 디지털 콘텐츠(스트리밍, 쇼츠, 게임 방송 등)와 동일한 플랫폼에서 경쟁하기 때문에, 지속적인 콘텐츠 혁신과 팬 경험 설계가 필요하다.

그럼에도 불구하고 e스포츠는 디지털 네이티브 세대의 주요 스포츠 소비 형태로 자리 잡고 있으며, 스포츠와 미디어 산업의 미래 구조를 보여주는 선도 사례로 평가된다.

제4절 스포츠 데이터·분석 산업

1. 스포츠 데이터 산업의 등장

디지털 기술과 센서, 영상 분석 기술의 발전은 스포츠를 데이터 기반 산업으로 전환시키고 있다. 경기 기록, 선수 움직임, 생체 정보, 팬 행동 데이터 등은 스포츠산업의 새로운 자산으로 활용되고 있다.

스포츠 데이터·분석 산업은 이러한 데이터를 수집·분석·활용하여 부가가치를 창출하는 산업 영역이다.

2. 데이터 활용 영역과 산업적 가치

스포츠 데이터는 경기력 분석과 전략 수립, 선수 관리와 부상 예방, 팬 경험 개선, 미디어 콘텐츠 제작 등 다양한 영역에서 활용된다. 데이터 기반 분석은 스포츠산업의 의사결정을 보다 과학적이고 효율적으로 만드는 역할을 수행한다.

이러한 데이터 활용은 스포츠산업의 전문성과 신뢰도를 높이는 동시에, 새로운 비즈니스 기회를 창출한다.

3. 데이터 산업의 한계와 윤리적 쟁점

스포츠 데이터 산업은 개인정보 보호, 데이터 소유권, 공정성 문제와 같은 윤리적·법적 쟁점을 동반한다. 선수와 팬의 데이터가 상업적으로 활용되는 과정에서 권리 보호와 투명한 관리 체계가 중요해지고 있다.

제5절 플랫폼 기반 스포츠 비즈니스

1. 플랫폼 비즈니스의 개념과 특징

플랫폼 기반 스포츠 비즈니스는 스포츠 콘텐츠와 서비스를 연결·중개하는 디지털 플랫폼을 중심으로 형성된 비즈니스 모델이다. 플랫폼은 생산자와 소비자를 직접 연결하며, 네트워크 효과를 통해 시장 가치를 확대한다. 스포츠 플랫폼은 중계, 콘텐츠 유통, 팬 커뮤니티, 상품 판매, 데이터 서비스 등을 통합적으로 제공한다.

2. 플랫폼이 스포츠산업 구조에 미치는 영향

플랫폼의 등장은 스포츠산업의 권력 구조와 수익 분배 방식에 변화를 가져왔다. 전통적인 리그·방송 중심 구조에서 벗어나, 플랫폼이 콘텐츠 유통과 소비의 핵심 통로로 부상하고 있다.

이로 인해 스포츠산업은 중앙집중형 구조에서 분산형·연결형 구조로 재편되고 있다.

3. 플랫폼 비즈니스의 기회와 위험

플랫폼 기반 스포츠 비즈니스는 확장성과 효율성이 뛰어나지만, 플랫폼 종속, 수익 배분 불균형, 시장 지배력 문제와 같은 위험을 동반한다. 따라서 스포츠산업 주체들은 플랫폼과의 관계를 전략적으로 설계할 필요가 있다.

내용요약

제14장은 스포츠산업이 콘텐츠 중심 산업으로 확장되면서 등장한 신산업을 중심으로 스포츠 콘텐츠 산업의 변화, e스포츠, 스포츠 데이터·분석 산업, 플랫폼 기반 비즈니스를 살펴보았다. 스포츠산업의 미래는 경기 그 자체보다 콘텐츠의 재생산, 데이터 활용, 플랫폼 연결 구조에 의해 좌우될 가능성이 크며, 이는 스포츠산업의 구조적 전환을 의미한다.

제8부
스포츠산업 경영과 마케팅

제15장
스포츠산업 경영

제1절 스포츠산업 경영의 의의

스포츠산업 경영은 스포츠 조직이 주어진 환경 속에서 목표를 달성하기 위해 자원을 효율적으로 활용하고, 지속 가능한 성과를 창출하는 일련의 관리 활동을 의미한다. 스포츠 조직은 일반 기업과 유사한 경영 원리를 적용받지만, 스포츠 고유의 불확실성, 공공성, 감정 소비, 팬 중심 시장 구조로 인해 차별화된 경영 접근이 요구된다.

스포츠산업 경영은 단기적인 성과 창출뿐 아니라, 장기적인 브랜드 가치와 팬 관계, 사회적 책임까지 고려해야 한다는 점에서 복합적인 의사결정 영역이라 할 수 있다.

제2절 스포츠 조직의 경영 특성

1. 스포츠 조직의 유형과 구조

스포츠 조직은 프로스포츠 구단과 리그, 스포츠 단체와 협회, 스포츠 기업, 공공 스포츠기관 등 다양한 형태로 존재한다. 이들 조직은 영리와 비영리, 공공과 민간의 성격이 혼재된 구조를 가지며, 목적과 운영 방식에서 차이를 보인다.

특히 프로스포츠 조직은 경기력 조직과 경영 조직이 결합된 이중 구조를 가지며, 이는 스포츠산업 경영의 가장 대표적인 특성 중 하나이다.

2. 성과 목표의 이중성

스포츠 조직의 경영 목표는 일반 기업과 달리 이중적 성격을 지닌다. 하나는 재무적 성과이며, 다른 하나는 경기 성과 또는 공공적 성과이다. 예를 들어 프로스포츠 구단은 수익성과 함께 승리와 순위를 중요한 성과 지표로 삼는다.

이러한 이중성은 경영 의사결정을 복잡하게 만들며, 단기 성과와 장기 지속 가능성 간의 균형이 중요한 과제로 작용한다.

3. 외부 환경 의존성과 불확실성

스포츠산업은 경기 결과, 선수 부상, 팬 반응, 미디어 환경 등 외부 요인에 대한 의존도가 매우 높다. 이는 경영자가 완전히 통제하기 어려운 요소들이 경영 성과에 직접적인 영향을 미친다는 것을 의미한다.

따라서 스포츠산업 경영은 불확실성을 전제로 한 유연한 관리와 위험 대응 능력을 요구한다.

제3절 전략적 경영과 의사결정

1. 스포츠산업에서 전략적 경영의 필요성

전략적 경영은 조직의 장기적 목표를 설정하고, 이를 달성하기 위한 방향과 실행 방안을 체계적으로 수립하는 과정이다. 스포츠산업에서는 시장 경쟁 심화, 팬 기대 변화, 기술 발전 등 환경 변화가 빠르게 이루어지기 때문에 전략적 경영의 중요성이 더욱 강조된다.

전략은 스포츠 조직이 단기 성과에만 매몰되지 않고, 지속 가능한 경쟁 우위를 확보하는 데 필수적인 도구이다.

2. 전략 수립 과정과 주요 요소

스포츠산업의 전략 수립 과정은 외부 환경 분석, 내부 역량 분석, 전략 목표 설정, 실행 계획 수립의 단계로 이루어진다. 이 과정에서 시장 구조, 팬 특성, 브랜드 가치, 재무 상태 등이 종합적으로 고려된다.

전략적 의사결정은 경기력 투자, 선수 영입, 시설 확충, 마케팅 방향, 디지털 전환 등 다양한 영역에서 이루어진다.

3. 의사결정의 특수성과 책임성

스포츠산업에서의 의사결정은 높은 가시성과 사회적 관심을 동반한다. 특정 결정은 팬과 지역 사회, 미디어의 즉각적인 반응을 불러일으킬 수 있으며, 이는 경영자의 책임성을 더욱 강화한다.

따라서 스포츠산업 경영자는 합리적 분석과 함께 사회적 영향과 윤리적 측면을 고려한 의사결정을 수행해야 한다.

제4절 인적 자원 관리

1. 스포츠산업 인적 자원의 특성

스포츠산업의 인적 자원은 선수, 지도자, 행정·마케팅 인력, 기술·미디어 인력 등으로 구성된다. 이 중 선수와 지도자는 경기 성과와 직결되는 핵심 인적 자원이며, 일반 조직과는 다른 관리 방식이 요구된다.

스포츠산업 인력은 전문성과 개인 역량의 차이가 크고, 경력 주기가 짧은 경우가 많다는 특징을 지닌다.

2. 인적 자원 관리의 주요 과제

스포츠산업 인적 자원 관리의 주요 과제는 인재 확보, 성과 평가, 보상 체계, 경력 관리이다. 특히 선수와 지도자의 계약 관리와 성과 보상은 조직의 재무 상태와 직결되며, 공정성과 투명성이 중요한 요소로 작용한다.

또한 은퇴 이후 경력 전환과 복지 문제는 스포츠산업 인적 자원 관리의 장기적 과제로 인식되고 있다.

3. 조직 문화와 리더십

스포츠 조직의 성과는 조직 문화와 리더십의 영향을 크게 받는다. 신뢰와 소통, 명확한 역할 분담, 공동 목표 인식은 경기력과 경영 성과를 동시에 향상시키는 요소이다.

스포츠산업 경영자는 단순한 관리자가 아니라, 조직의 비전과 문화를 이끄는 리더로서 역할을 수행해야 한다.

제5절 재무 관리와 성과 평가

1. 스포츠산업 재무 관리의 특성

스포츠산업의 재무 관리는 수익 변동성이 크고, 비용 구조가 고정적인 특성을 지닌다. 특히 선수 인건비와 시설 운영 비용은 높은 비중을 차지하며, 이는 재무 안정성 확보를 어렵게 만드는 요인이다.

따라서 재무 관리는 비용 통제와 수익 다각화를 동시에 고려하는 방향으로 이루어져야 한다.

2. 수익 구조와 재무 전략

스포츠산업의 주요 수익원에는 티켓 판매, 중계권, 스폰서십, 상품 판매, 콘텐츠 수익 등이 포함된다. 재무 전략은 특정 수익원에 대한 과도한 의존을 줄이고, 안정적인 수익 포트폴리오를 구축하는 데 초점을 둔다.

이러한 전략은 스포츠 조직의 장기적 생존 가능성을 높이는 핵심 요소이다.

3. 성과 평가와 경영 통제

스포츠산업의 성과 평가는 재무적 지표와 비재무적 지표를 함께 고려해야 한다. 매출과 이익뿐 아니라, 경기 성과, 팬 만족도, 브랜드 가치, 사회적 기여도 등이 중요한 평가 기준으로 활용된다.

균형 잡힌 성과 평가는 스포츠 조직이 단기 성과와 장기 가치를 동시에 관리하도록 돕는 역할을 수행한다.

내용요약

제15장은 스포츠산업 경영의 핵심 요소인 조직 특성, 전략적 경영, 인적 자원 관리, 재무 관리와 성과 평가를 중심으로 스포츠산업 경영의 특수성과 복합성을 살펴보았다. 스포츠산업 경영은 일반 경영 원리를 기반으로 하되, 스포츠 고유의 불확실성과 공공성, 팬 중심 구조를 반영한 차별화된 경영 접근이 필요함을 확인하였다.

제16장
스포츠 마케팅

제1절 스포츠 마케팅의 의의와 범위

스포츠 마케팅은 스포츠를 매개로 소비자, 기업, 조직 간의 가치를 창출하고 교환하는 일련의 활동을 의미한다. 스포츠 마케팅은 단순한 판촉이나 광고 활동을 넘어, 스포츠의 상징성과 감정적 몰입을 활용하여 지속적인 관계와 브랜드 자산을 구축하는 전략적 경영 활동이다.

스포츠 마케팅의 대상은 스포츠 조직과 기업뿐 아니라, 선수·

팀·리그·이벤트·미디어·플랫폼 등 스포츠산업 전반을 포괄한다. 또한 스포츠 마케팅은 스포츠산업 내부의 마케팅뿐 아니라, 일반 기업이 스포츠를 활용해 자사 브랜드 가치를 높이는 활동까지 포함하는 확장된 개념으로 이해할 수 있다.

제2절 스포츠 마케팅의 개념

1. 스포츠 마케팅의 정의

스포츠 마케팅은 스포츠 제품과 서비스를 직접적으로 마케팅하는 활동과, 스포츠를 수단으로 일반 제품과 서비스를 마케팅하는 활동을 모두 포함한다. 전자는 프로스포츠 관람, 스포츠 용품, 스포츠 서비스 판매 등 스포츠산업 내부를 대상으로 하며, 후자는 기업이 스포츠를 활용해 브랜드 인지도와 이미지를 제고하는 활동을 의미한다. 이러한 이중적 구조는 스포츠 마케팅이 산업 내부 마케팅과 외부 연계 마케팅을 동시에 수행하는 영역임을 보여준다.

2. 스포츠 마케팅의 특수성

스포츠 마케팅은 일반 마케팅과 달리 감정적 요소와 불확실성이 강하게 작용한다. 스포츠 소비자는 합리적 판단보다 팀과 선수에 대한 애착, 승패에 따른 감정 경험, 집단 정체성에 의해 소비 결정을 내리는 경향이 있다.

또한 스포츠의 결과는 사전에 통제할 수 없기 때문에, 스포츠 마케팅은 결과 중심이 아닌 경험과 관계 중심의 접근이 요구된다.

3. 스포츠 마케팅 환경의 변화

디지털 미디어와 플랫폼의 확산은 스포츠 마케팅 환경을 빠르게 변화시키고 있다. 팬은 더 이상 수동적인 소비자가 아니라, 콘텐츠를 생산하고 확산하는 참여 주체로 전환되었으며, 이는 스포츠 마케팅이 쌍방향 커뮤니케이션을 중심으로 재편되고 있음을 의미한다.

제3절 스폰서십과 광고

1. 스포츠 스폰서십의 개념과 유형

스포츠 스폰서십은 기업이 스포츠 조직, 팀, 선수, 이벤트와 파트너십을 맺고, 금전적·물적 지원을 제공하는 대가로 마케팅 권리를 획득하는 활동이다. 스폰서십은 단순 광고와 달리, 연관성과 이미지 이전 효과를 통해 브랜드 가치를 강화한다.

스폰서십은 공식 후원, 타이틀 스폰서, 장비 후원, 선수 개인 후원 등 다양한 형태로 이루어지며, 목적과 대상에 따라 전략이 달라진다.

2. 스포츠 광고의 특성과 효과

스포츠 광고는 경기 중계, 경기장 내 노출, 유니폼과 장비, 디지털 콘텐츠 등을 통해 이루어진다. 스포츠 광고의 강점은 높은 주목도와 반복 노출, 긍정적 감정과의 결합에 있다.

그러나 과도한 광고는 팬 경험을 저해할 수 있으므로, 스포츠 광고는 자연스러운 통합과 맥락 적합성이 중요하다.

3. 스폰서십·광고 효과의 측정과 관리

스포츠 스폰서십과 광고의 효과는 브랜드 인지도, 이미지 변화, 소비자 태도, 매출 연계 효과 등을 통해 평가된다. 최근에는 디지털 분석 기술을 활용해 노출 효과와 팬 반응을 정량적으로 측정하려는 시도가 확대되고 있다.

효과 측정은 스폰서십 관계의 지속성과 전략적 개선을 위한 필수 요소이다.

제4절 브랜드 관리와 IP 활용

1. 스포츠 브랜드의 개념과 가치

스포츠 브랜드는 팀, 선수, 리그, 이벤트가 지니는 상징적 의미와 이미지를 포함한다. 스포츠 브랜드는 경쟁 성과, 역사와 전통, 팬 문화, 스토리텔링을 통해 형성되며, 이는 스포츠산업의 가장 중요한 무형 자산 중 하나이다.

강력한 스포츠 브랜드는 경기 성과 변동에도 불구하고 안정적인 수익과 팬 충성도를 유지할 수 있는 기반이 된다.

2. 지식재산(IP)의 활용과 수익화

스포츠 IP는 로고, 명칭, 캐릭터, 영상, 기록 등 다양한 형태로 존재하며, 라이선싱과 상품화, 콘텐츠 제작을 통해 수익으로 전환된다. IP 활용은 스포츠 조직이 경기 외적인 영역에서 수익을 창출할 수 있는 핵심 전략이다.

IP 관리의 전문성은 브랜드 가치 보호와 장기적 수익 안정성에 직접적인 영향을 미친다.

3. 브랜드 일관성과 확장 전략

스포츠 브랜드 관리는 일관성과 확장의 균형이 중요하다. 브랜드의 핵심 정체성을 유지하면서도, 새로운 미디어와 상품, 협업을 통해 브랜드 경험을 확장하는 전략이 요구된다.

무분별한 브랜드 확장은 브랜드 희석을 초래할 수 있으므로, 전략적 판단이 필수적이다.

제5절 팬 관계 관리와 커뮤니티 전략

1. 팬 관계 관리의 중요성

스포츠 마케팅에서 팬은 단순한 고객이 아니라, 장기적 관계의 주체이다. 팬의 충성도와 참여도는 스포츠 조직의 안정적인 수익과 브랜드 가치를 지탱하는 핵심 요소로 작용한다.

팬 관계 관리는 단기 판매 성과보다 장기적인 신뢰와 애착 형성을 목표로 한다.

2. 커뮤니티 기반 마케팅 전략

스포츠 팬 커뮤니티는 온라인과 오프라인을 넘나들며 형성된다. 커뮤니티는 정보 공유와 감정 교류의 공간일 뿐 아니라, 스포츠 브랜드 경험이 강화되는 핵심 접점이다.

스포츠 조직은 팬 커뮤니티를 관리·지원함으로써 자발적인 홍보와 참여를 유도하고, 이는 마케팅 비용 대비 높은 효과를 창출한다.

3. 데이터 기반 팬 관리와 미래 전략

최근 스포츠 마케팅에서는 팬 데이터를 활용한 맞춤형 커뮤니케이션과 서비스 제공이 중요해지고 있다. 데이터 기반 팬 관리는 팬 만족도를 높이고, 관계의 질을 정교하게 관리할 수 있게 한다.

다만 개인정보 보호와 윤리적 고려를 전제로 한 책임 있는 데이터 활용이 필수적이다.

내용요약

제16장은 스포츠 마케팅을 개념적 이해에서 출발하여, 스폰서십과 광

고, 브랜드와 IP 활용, 팬 관계 관리와 커뮤니티 전략까지 종합적으로 살펴보았다. 스포츠 마케팅은 스포츠의 감정적 가치와 상징성을 기반으로 관계 중심의 장기적 가치를 창출하는 전략적 활동이며, 스포츠산업의 지속 가능성을 좌우하는 핵심 영역임을 확인하였다.

제9부

스포츠산업 인력과 직무

제17장
스포츠산업 인력 구조

제1절 스포츠산업 인력 구조의 이해

스포츠산업은 시설, 장비, 콘텐츠, 기술이 결합된 산업이지만, 그 핵심에는 항상 사람이 존재한다. 선수, 지도자, 경영자, 마케터, 미디어 종사자, 기술 인력 등 다양한 인력이 유기적으로 결합되어 스포츠산업의 가치가 창출된다. 특히 스포츠산업은 서비스와 경험을 중심으로 운영되기 때문에 인적 자원의 질이 산업 경쟁력을 좌우하는 비중이 매우 크다.

스포츠산업 인력 구조는 종목, 산업 분야, 조직 유형에 따라 상이하며, 전문성과 직무 세분화가 동시에 진행되고 있다. 이에 따라 체계적인 인력 구조 이해는 스포츠산업의 지속 가능성과 전문성 확보를 위한 필수 요소라 할 수 있다.

제2절 스포츠산업 직무 유형

1. 경기·지도 중심 직무

경기·지도 중심 직무는 스포츠산업의 핵심 영역으로, 선수와 지도자를 중심으로 구성된다. 선수는 경기 성과와 콘텐츠 가치를 직접 창출하는 주체이며, 지도자는 선수 육성과 경기력 향상을 담당한다. 이 영역은 높은 전문성과 신체적·정신적 역량을 요구하며, 경력 주기가 상대적으로 짧다는 특징을 지닌다. 또한 트레이너, 코치, 분석가 등 경기 지원 인력도 이 범주에 포함되며, 이들은 과학적 접근과 전문 지식을 통해 경기 성과를 뒷받침한다.

2. 경영·행정·마케팅 직무

경영·행정·마케팅 직무는 스포츠 조직의 운영과 수익 창출을 담당하는 영역이다. 구단 및 단체의 운영 관리, 재무, 인사, 마케팅, 스폰서십 관리, 팬 서비스 등이 이에 해당한다.

이 직무군은 일반 기업의 경영 직무와 유사한 특성을 가지지만, 스포츠산업 특유의 불확실성과 팬 중심 구조를 이해해야 한다는 점에서 차별화된 역량이 요구된다.

3. 미디어·콘텐츠·기술 직무

미디어·콘텐츠·기술 직무는 스포츠를 콘텐츠로 전환하고 확산시키는 역할을 담당한다. 스포츠 중계 제작, 영상 편집, 콘텐츠 기획, 데이터 분석, 플랫폼 운영 등이 이 영역에 포함된다.

디지털 기술의 발전으로 이 직무군은 빠르게 성장하고 있으며, 스포츠산업 내에서 신산업 인력 수요를 주도하는 분야로 평가된다.

4. 교육·연구·공공 분야 직무

교육·연구·공공 분야 직무는 스포츠 교육, 정책 연구, 공공 스포츠 행정 등을 담당한다. 학교 체육 교사, 스포츠 교육 전문가, 정책 담당자, 연구자 등이 이에 해당하며, 스포츠산업의 공공성과 장기적 발전을 뒷받침하는 역할을 수행한다.

제3절 직무별 요구 역량

1. 공통 역량

스포츠산업 종사자에게 요구되는 공통 역량은 스포츠에 대한 이해, 윤리 의식, 소통 능력, 문제 해결 능력이다. 특히 스포츠는 공정성과 신뢰가 중요한 산업이기 때문에, 직무와 무관하게 윤리성과 책임성이 핵심 역량으로 강조된다.

또한 팀 기반으로 운영되는 경우가 많아 협업 능력과 조직 이해도가 중요하다.

2. 전문 직무 역량

경기·지도 직무에서는 종목 전문성, 신체·운동 과학 지식, 현장 경험이 핵심 역량이다. 경영·마케팅 직무에서는 전략적 사고, 데이터 분석 능력, 시장 이해, 커뮤니케이션 능력이 중요하게 요구된다.

미디어·기술 직무에서는 디지털 기술 활용 능력, 콘텐츠 기획력, 데이터 처리 역량이 필수적이며, 교육·연구 직무에서는 이론적 이해와 분석 능력이 강조된다.

3. 융합 역량의 중요성

현대 스포츠산업에서는 단일 전문성보다 융합 역량의 중요성이 커지고 있다. 예를 들어 지도자가 데이터 분석을 이해하고, 마케터가 스포츠 기술과 팬 문화를 이해하는 능력은 경쟁력을 크게 높인다.

이러한 융합 역량은 스포츠산업 인력이 변화하는 산업 환경에 적응하는 데 중요한 요소이다.

제4절 스포츠 전문 인력 양성

1. 스포츠 전문 인력 양성의 필요성

스포츠산업의 전문화와 규모 확대는 체계적인 인력 양성을 요구한다. 단순한 현장 경험만으로는 복잡해진 산업 구조에 대응하기 어려우며, 이론과 실무를 겸비한 전문 인력의 확보가 중요해지고 있다.

전문 인력 양성은 스포츠산업의 질적 성장과 국제 경쟁력 확보를 위한 핵심 과제이다.

2. 교육 기관과 양성 체계

스포츠 전문 인력은 대학과 대학원, 전문 교육 기관, 자격 제도 등을 통해 양성된다. 이 과정에서는 전공 교육뿐 아니라 현장 실습, 인턴십, 산학 협력 프로그램이 중요한 역할을 한다.

특히 실무 경험과 이론 교육의 연계는 스포츠산업 인력 양성의 효과를 높이는 핵심 요소이다.

3. 평생 교육과 역량 개발

스포츠산업은 변화 속도가 빠르기 때문에, 초기 교육 이후에도 지속적인 학습과 역량 개발이 필요하다. 보수 교육, 재교육, 직무 전환 교육은 스포츠산업 인력이 장기적으로 활동할 수 있는 기반을 제공한다.

제5절 고용 구조와 노동 환경

1. 스포츠산업 고용 구조의 특성

스포츠산업의 고용 구조는 정규직과 비정규직, 계약직, 프리랜서가 혼재된 형태를 보인다. 특히 선수와 지도자, 이벤트 및 콘텐츠 인력은 계약 기반 고용이 일반적이며, 고용 안정성이 낮은 경우가 많다.

이러한 구조는 스포츠산업의 유연성을 높이는 동시에, 노동 불안정을 초래하는 요인으로 작용한다.

2. 노동 환경과 주요 쟁점

스포츠산업 노동 환경에서는 장시간 근무, 성과 중심 평가, 고용 불안, 은퇴 이후 생계 문제 등이 주요 쟁점으로 제기된다. 특히 경기·지도 인력은 신체적 위험과 경력 단절 위험을 동시에 안고 있다.

이에 따라 노동 환경 개선과 사회적 보호 장치 마련이 중요한 과제로 인식되고 있다.

3. 지속 가능한 인력 구조를 위한 과제

지속 가능한 스포츠산업 인력 구조를 위해서는 공정한 계약 관행, 경력 관리 지원, 직무 전환 기회 제공, 복지 제도 강화가 필요하다. 이는 단순한 노동 보호를 넘어, 스포츠산업의 장기적 경쟁력을 확보하는 기반이 된다.

---내용요약---

제17장은 스포츠산업 인력 구조를 직무 유형, 요구 역량, 전문 인력 양성, 고용 구조와 노동 환경의 관점에서 살펴보았다. 스포츠산업은 사람 중심 산업으로, 인적 자원의 전문성과 안정성이 산업의 지속 가능성을 좌우한다. 따라서 체계적인 인력 양성과 노동 환경 개선은 스포츠산업 발전을 위한 핵심 과제임을 확인하였다.

제18장
스포츠산업과 커리어

제1절 스포츠산업 커리어의 이해

스포츠산업은 경기 현장뿐 아니라 경영, 마케팅, 미디어, 기술, 교육, 공공 영역에 이르기까지 폭넓은 직업 기회를 제공하는 산업이다. 스포츠산업 커리어의 가장 큰 특징은 전문성과 열정이 동시에 요구되는 직업 세계라는 점이다. 단순히 스포츠에 대한 흥미만으로는 장기적 경력 형성이 어렵고, 체계적인 준비와 전략적 경력 관리가 필수적이다.

또한 스포츠산업은 산업 구조 변화와 기술 발전의 영향을 크게 받기 때문에, 커리어 역시 고정된 경로보다는 유연하고 다층적인 경로로 형성되는 경향이 강하다.

제2절 스포츠산업 진로 탐색

1. 스포츠산업 진로의 범위와 다양성

스포츠산업 진로는 선수와 지도자 중심의 전통적 인식에서 벗어나, 경영·마케팅, 미디어·콘텐츠, 데이터·기술, 교육·공공 분야 등으로 확장되고 있다. 이는 스포츠산업이 단일 직업군이 아닌 복합 직업 생태계임을 의미한다.

진로 탐색 단계에서는 스포츠산업의 전체 구조를 이해하고, 자신의 전공, 역량, 관심 분야와 연계 가능한 직무를 폭넓게 검토하는 것이 중요하다.

2. 자기 이해 기반 진로 설계

효과적인 진로 탐색을 위해서는 자기 이해가 선행되어야 한다. 개인의 강점과 약점, 성향, 가치관, 장기 목표를 명확히 파악하는 과정은 스포츠산업 내에서 적합한 직무를 선택하는 데 중요한 기준이 된다.

특히 스포츠산업은 현장 중심 직무와 사무·기획 중심 직무의 성격 차이가 크기 때문에, 자신의 적성과 업무 환경 선호도를 고려한 진로 설계가 필요하다.

3. 정보 탐색과 네트워크의 역할

스포츠산업 진로 탐색 과정에서는 공식적인 채용 정보뿐 아니라, 현직자 인터뷰, 산업 보고서, 학회·세미나 참여 등 다양한 정보원이 활용된다. 또한 네트워크는 스포츠산업 진입과 진로 결정에 있어 중요한 역할을 수행한다.

네트워크는 단순한 인맥을 넘어, 산업 이해와 기회 탐색을 위한 정보 자산으로 기능한다.

제3절 인턴십과 현장 경험

1. 인턴십의 의미와 기능

인턴십은 스포츠산업 커리어 형성 과정에서 가장 중요한 경

험 중 하나이다. 인턴십은 이론 교육과 실제 업무를 연결하는 전환 지점으로서, 직무 이해와 실무 역량 개발에 결정적인 역할을 한다.

스포츠산업에서는 정규 채용 이전에 인턴십을 통해 인력을 검증하는 경우가 많아, 인턴십 경험은 취업 경쟁력 강화의 핵심 요소로 작용한다.

2. 현장 경험을 통한 역량 축적

현장 경험은 스포츠산업의 특수성을 체감하고, 산업 문화를 이해하는 데 필수적이다. 경기 운영, 이벤트 진행, 팬 응대, 콘텐츠 제작 등 현장에서의 경험은 교과서적 지식으로 대체할 수 없는 학습 효과를 제공한다.

이러한 경험은 개인의 적합성을 점검하는 동시에, 향후 진로 방향을 구체화하는 데 중요한 기준이 된다.

3. 인턴십 활용 전략

인턴십은 단순한 경력 한 줄이 아니라, 학습과 관계 형성의 기회로 활용되어야 한다. 적극적인 태도, 피드백 수용, 네트워크 구축은 인턴십 경험의 가치를 극대화하는 요소이다.

또한 인턴십 종료 이후에도 지속적인 관계 유지는 향후 취업과 경력 이동에 긍정적인 영향을 미친다.

제4절 취업 전략과 경력 관리

1. 스포츠산업 취업 시장의 특성

스포츠산업 취업 시장은 규모 대비 경쟁이 치열하며, 실무 경험과 산업 이해도를 중시하는 경향이 강하다. 학력이나 자격증보다 현장 적응력과 직무 적합성이 중요한 평가 기준으로 작용한다. 따라서 취업 준비 과정에서는 직무별 요구 역량에 맞춘 전략적 준비가 필요하다.

2. 취업 준비 전략

효과적인 취업 전략을 위해서는 목표 직무 설정, 역량 개발, 경험 축적, 자기 표현 능력 강화가 체계적으로 이루어져야 한다. 이력서와 자기소개서는 단순한 경험 나열이 아니라, 직무와의 연관성을 중심으로 구성되어야 한다.

또한 스포츠산업에서는 면접 과정에서 산업 이해도와 현장 대응력을 평가하는 질문이 자주 제시되므로, 실무 중심의 준비가 중요하다.

3. 초기 경력 관리의 중요성

취업 이후 초기 경력 단계는 향후 커리어 방향을 결정짓는 중요한 시기이다. 이 시기에는 단기 보상보다 학습 기회와 성장 가능성을 우선적으로 고려하는 것이 바람직하다.

초기 경력 관리의 핵심은 다양한 경험을 통해 자신의 전문 영역을 점진적으로 명확히 하는 데 있다.

제5절 평생 커리어 개발

1. 스포츠산업에서 평생 커리어의 의미

스포츠산업은 빠른 변화와 불확실성을 특징으로 하기 때문에, 단일 직무나 조직에 의존한 경력 설계는 한계를 지닌다. 이에 따라 평생 커리어 개발은 지속적인 학습과 전환을 전제로 한 경력 관리를 의미한다.

특히 선수와 지도자와 같이 경력 주기가 짧은 직무군에서는

조기부터 평생 커리어 관점의 준비가 필요하다.

2. 역량 확장과 직무 전환

평생 커리어 개발을 위해서는 단일 전문성에 머무르기보다, 인접 영역으로의 역량 확장이 중요하다. 예를 들어 지도자는 교육, 행정, 콘텐츠 분야로, 선수는 코칭, 해설, 경영 영역으로의 전환이 가능하다.

이러한 전환은 사전 준비와 단계적 경험 축적을 통해 이루어져야 한다.

3. 지속 가능한 커리어를 위한 전략

지속 가능한 스포츠산업 커리어를 위해서는 건강 관리, 윤리의식, 네트워크 유지, 자기 개발이 장기적으로 병행되어야 한다. 또한 산업 변화에 대한 민감한 인식과 학습 태도는 커리어 생존력을 높이는 핵심 요소이다.

내용요약

제18장은 스포츠산업 커리어를 진로 탐색, 인턴십과 현장 경험, 취업

전략과 경력 관리, 평생 커리어 개발의 흐름으로 살펴보았다. 스포츠 산업 커리어는 단기적 취업이 아니라, 지속적인 학습과 전환을 전제로 한 장기적 경력 설계가 요구되는 영역이며, 전략적 준비와 자기 관리가 성공적인 커리어 형성의 핵심임을 확인하였다.

제10부

글로벌 스포츠산업과 미래

제1절 글로벌 스포츠산업의 이해

글로벌 스포츠산업은 국가와 지역의 문화, 제도, 경제 구조에 따라 서로 다른 형태로 발전해 왔다. 스포츠는 보편적 경쟁 규칙을 공유하지만, 리그 운영 방식, 수익 구조, 팬 문화, 정부 개입 수준 등은 지역별로 큰 차이를 보인다. 이러한 차이는 글로벌 스포츠산업 경쟁의 핵심 배경이자, 각 지역 스포츠산업이 지닌 고유한 강점과 한계를 형성한다.

글로벌 스포츠산업을 이해하기 위해서는 단일한 성공 모델을 찾기보다, 지역별 구조적 특성과 전략적 선택을 비교하는 접근이 필요하다.

제2절 북미 스포츠 비즈니스 모델

1. 프랜차이즈 중심 리그 구조

북미 스포츠산업의 가장 큰 특징은 프랜차이즈 중심의 폐쇄형 리그 구조이다. 리그는 제한된 수의 구단으로 구성되며, 신규 진입은 엄격하게 통제된다. 이러한 구조는 시장의 안정성과 구단의 재무적 지속 가능성을 확보하는 데 유리하게 작용한다.

구단은 지역 연고를 기반으로 하되, 기업 조직에 가까운 형태로 운영되며, 리그 차원의 통합 경영이 강하게 작동한다.

2. 수익 공유와 경쟁 균형 전략

북미 스포츠 리그는 수익 공유 제도와 급여 규제 장치를 통해 경쟁 균형을 유지한다. 중계권 수익과 일부 상업 수익은 리그 차원에서 공동 분배되며, 이는 시장 규모가 작은 구단도 생존할 수 있는 환경을 조성한다.

이러한 구조는 리그 전체의 흥미와 시장 가치를 장기적으로
유지하는 데 기여한다.

3. 엔터테인먼트 중심 산업 전략

북미 스포츠 비즈니스 모델은 스포츠를 엔터테인먼트 산업으
로 명확히 인식한다. 경기 연출, 쇼 요소, 팬 서비스, 미디어 활용
은 스포츠 관람을 종합적 경험으로 확장시키는 핵심 요소이다.

이러한 접근은 스포츠산업을 안정적인 수익 산업으로 발전시
키는 데 중요한 역할을 수행해 왔다.

제3절 유럽 스포츠 리그 구조

1. 승강제 기반 개방형 리그

유럽 스포츠산업의 대표적 특징은 승강제를 기반으로 한 개
방형 리그 구조이다. 구단은 성적에 따라 상위 리그로 승격하거
나 하위 리그로 강등되며, 이는 강한 경쟁과 긴장감을 유지하는
원동력으로 작용한다.

이 구조는 스포츠의 순수 경쟁성과 지역 연고성을 강조하며, 팬의 감정적 몰입을 강화한다.

2. 구단 중심 경영과 역사성

유럽 스포츠 구단은 오랜 역사와 지역 공동체와의 결속을 바탕으로 운영되는 경우가 많다. 구단은 단순한 기업을 넘어 지역 정체성의 상징으로 기능하며, 팬 충성도가 매우 높은 편이다.

다만 이러한 구조는 재정 격차 확대와 일부 구단의 과도한 지출 문제를 동반하기도 한다.

3. 재정 규제와 지속 가능성 논의

유럽 스포츠산업에서는 재정 불균형 문제를 해결하기 위해 재정 규제 제도가 도입·강화되고 있다. 이는 구단의 무리한 투자와 재정 파탄을 방지하고, 리그의 장기적 지속 가능성을 확보하기 위한 장치이다.

유럽 모델은 경쟁의 개방성과 재정 안정성 간의 균형이라는 과제를 지속적으로 안고 있다.

제4절 아시아 스포츠시장 성장

1. 신흥 스포츠시장으로서의 아시아

아시아는 인구 규모와 경제 성장, 중산층 확대를 기반으로 글로벌 스포츠산업에서 가장 주목받는 신흥 시장이다. 스포츠 참여와 관람 수요가 빠르게 증가하고 있으며, 글로벌 스포츠 브랜드와 리그의 전략적 진출이 활발하게 이루어지고 있다.

아시아 스포츠시장은 성장 잠재력이 크지만, 지역별로 스포츠 문화와 산업 성숙도에는 차이가 존재한다.

2. 정부 주도 정책과 산업 육성

아시아 국가들의 스포츠산업은 정부 정책의 영향력이 비교적 큰 편이다. 국가 차원의 스포츠산업 육성 전략, 인프라 투자, 국제 이벤트 유치 등이 산업 성장의 중요한 동력으로 작용한다.

이러한 정책 중심 모델은 단기간 내 산업 기반을 구축하는 데 효과적이지만, 민간 주도의 자생적 성장 구조 확립이 과제로 남아 있다.

3. 글로벌 협력과 현지화 전략

아시아 스포츠시장은 글로벌 리그와 기업에게 중요한 확장 대상이다. 이 과정에서 현지 리그와의 협력, 문화적 특성을 반영한 현지화 전략이 경쟁력을 좌우한다. 아시아 스포츠산업의 성장은 글로벌 스포츠산업의 중심 축이 이동하고 있음을 보여준다.

제5절 국제 스포츠산업 경쟁

1. 글로벌 스포츠산업 경쟁의 구조

국제 스포츠산업 경쟁은 단순한 종목 경쟁을 넘어, 비즈니스 모델, 미디어 영향력, 브랜드 가치, 시장 확장 능력을 중심으로 전개된다. 각 지역의 스포츠산업은 자국의 강점을 기반으로 글로벌 시장에서 경쟁한다. 이 경쟁은 리그 간 경쟁이자, 플랫폼과 콘텐츠, 인재 유치 경쟁의 성격을 동시에 지닌다.

2. 글로벌화와 지역성의 긴장 관계

글로벌 스포츠산업은 세계 시장을 지향하지만, 동시에 지역

성과 전통에 뿌리를 두고 있다. 과도한 글로벌화는 지역 팬의 정체성을 약화시킬 수 있으며, 반대로 지역 중심 전략은 글로벌 확장에 한계를 가질 수 있다. 따라서 국제 스포츠산업 경쟁에서는 글로벌 확장과 지역 정체성 유지 간의 전략적 균형이 중요하다.

3. 미래 글로벌 경쟁의 방향

향후 글로벌 스포츠산업 경쟁은 디지털 미디어, 플랫폼, 데이터 활용 능력에 의해 더욱 가속화될 가능성이 크다. 또한 신흥 시장의 성장과 기술 혁신은 기존 스포츠 강국 중심 구조를 변화시킬 수 있다.

이에 따라 각 지역 스포츠산업은 자국의 특성을 살린 차별화 전략을 통해 글로벌 경쟁에 대응해야 한다.

내용요약

제19장은 글로벌 스포츠산업을 북미, 유럽, 아시아의 지역별 모델과 국제 경쟁 구조의 관점에서 분석하였다. 글로벌 스포츠산업은 단일한 발전 경로를 따르지 않으며, 각 지역의 제도와 문화, 전략적 선택에 따라 다양한 형태로 전개되고 있다. 이러한 이해는 스포츠산업의 미래 전략을 수립하는 데 중요한 기초가 된다.

제20장
스포츠산업의 미래

제1절 스포츠산업 미래 변화의 배경

스포츠산업은 전통적으로 경기와 관람, 참여를 중심으로 발전해 왔으나, 최근에는 기술 혁신과 사회 환경 변화에 의해 산업 구조 전반이 재편되고 있다. 디지털 기술의 발전, 인구 구조 변화, 환경 문제, 소비자 가치관의 변화는 스포츠산업의 미래를 규정하는 핵심 요인으로 작용한다.

미래 스포츠산업은 더 이상 특정 종목이나 시장에 한정되지 않고, 기술·문화·산업이 결합된 복합 생태계 산업으로 진화할 가능성이 크다. 이에 따라 스포츠산업의 미래를 이해하기 위해서는 단편적 예측이 아니라 구조적 변화에 대한 통합적 접근이 필요하다.

제2절 스포츠 테크놀로지와 산업 변화

1. 스포츠 테크놀로지의 개념과 역할

스포츠 테크놀로지는 스포츠 활동과 산업 전반에 적용되는 기술을 의미하며, 경기력 향상, 안전 관리, 팬 경험 개선, 운영 효율성 제고를 목표로 한다. 이는 스포츠산업을 경험과 감성 중심 산업에서 기술 기반 산업으로 전환시키는 핵심 동력이다.

스포츠 테크놀로지는 선수와 팬, 조직 모두의 행동 방식과 의사결정 구조에 변화를 가져오고 있다.

2. 경기력·운영·관람 영역의 변화

기술은 경기력 분석과 선수 관리 방식에 변화를 주고 있으며, 정밀한 데이터와 시뮬레이션을 통해 경기 전략 수립이 과학화되고 있다. 또한 경기 운영과 시설 관리에서도 자동화와 디지털 관리 시스템이 도입되며 효율성이 향상되고 있다.

관람 측면에서는 가상현실, 증강현실, 인터랙티브 미디어 기술을 통해 팬 경험이 확장되며, 스포츠 소비 방식이 다층적으로 변화하고 있다.

3. 스포츠 테크놀로지의 산업적 파급 효과

스포츠 테크놀로지의 확산은 스포츠산업 내부뿐 아니라, IT·의료·교육·콘텐츠 산업과의 융합을 촉진한다. 이는 스포츠산업을 단일 산업이 아닌 연결 산업으로 확장시키는 역할을 한다.

제3절 AI·빅데이터·웨어러블

1. AI와 빅데이터의 활용 확대

AI와 빅데이터는 스포츠산업의 의사결정 방식을 근본적으로 변화시키고 있다. 경기 분석, 선수 스카우팅, 부상 예방, 팬 행동 예측 등 다양한 영역에서 데이터 기반 접근이 일반화되고 있다.

이러한 변화는 스포츠산업을 직관 중심에서 증거 기반 산업으로 전환시키는 중요한 계기가 된다.

2. 웨어러블 기술과 개인 맞춤형 스포츠

웨어러블 기술은 선수와 일반인의 신체 데이터를 실시간으로 수집하여, 맞춤형 훈련과 건강 관리 서비스를 가능하게 한다. 이는 스포츠 참여 산업과 헬스케어 산업 간의 경계를 허물며 새로운 시장을 창출한다. 웨어러블 기술은 스포츠산업의 개인화·세분화를 가속화하는 핵심 요소이다.

3. 기술 활용의 한계와 윤리적 과제

AI·빅데이터·웨어러블 기술의 확산은 개인정보 보호, 데이터 소유권, 공정성 문제와 같은 윤리적 쟁점을 동반한다. 기술 활용은 효율성과 혁신을 제공하지만, 동시에 책임 있는 관리와 제도적 보완이 요구된다.

제4절 지속가능 스포츠산업

1. 지속가능성의 개념과 필요성

지속가능 스포츠산업은 경제적 성장뿐 아니라, 환경 보호와 사회적 책임을 함께 고려하는 산업 발전 모델을 의미한다. 스포츠산업은 대규모 시설, 글로벌 이동, 소비재 생산을 포함하고 있어 환경적 영향이 큰 산업이다.

이에 따라 지속가능성은 스포츠산업의 선택적 가치가 아닌 필수 조건으로 인식되고 있다.

2. 환경·사회·거버넌스(ESG)와 스포츠산업

스포츠산업에서는 친환경 시설 운영, 탄소 배출 저감, 책임 있는 공급망 관리, 공정한 노동 환경 조성 등이 중요한 과제로 부각되고 있다. 또한 스포츠 조직의 투명한 거버넌스는 팬과 사회의 신뢰를 유지하는 핵심 요소이다.

ESG 관점은 스포츠산업의 장기적 경쟁력을 평가하는 새로운 기준으로 작용한다.

3. 지속가능성과 산업 경쟁력의 결합

지속가능성은 비용 부담이 아닌 차별화 전략으로 작용할 수 있다. 환경과 사회적 가치를 중시하는 스포츠 조직과 브랜드는 소비자의 신뢰와 충성도를 확보하며, 장기적으로 안정적인 산업 구조를 형성할 수 있다.

제5절 스포츠산업의 미래 비전

1. 미래 스포츠산업의 핵심 방향

미래 스포츠산업은 기술 기반, 콘텐츠 중심, 데이터 활용, 플랫폼 연결을 핵심 축으로 발전할 가능성이 크다. 이는 스포츠산업이 단순한 경기 산업에서 경험·관계·지식 기반 산업으로 전환됨을 의미한다.

2. 사람 중심 산업으로서의 지속성

기술과 시스템이 고도화되더라도, 스포츠산업의 본질은 여전히 사람과 사람 간의 경쟁과 교감에 있다. 선수, 팬, 종사자의 경험과 관계는 스포츠산업의 대체 불가능한 가치로 남을 것이다.

따라서 미래 스포츠산업은 기술 중심이 아니라, 사람 중심 기술 활용을 지향해야 한다.

3. 스포츠산업의 사회적 역할과 비전

미래 스포츠산업은 경제적 가치 창출을 넘어, 건강 증진, 사회

통합, 문화 교류, 지속가능한 발전에 기여하는 산업으로 자리매김해야 한다. 이는 스포츠산업이 단기 수익 산업을 넘어, 사회적 신뢰를 기반으로 한 장기 산업으로 발전하는 비전이다.

내용요약

제20장은 스포츠산업의 미래를 스포츠 테크놀로지, AI·빅데이터·웨어러블, 지속가능성, 미래 비전의 관점에서 종합적으로 살펴보았다. 스포츠산업의 미래는 기술 혁신과 사회적 책임이 결합된 지속 가능하고 사람 중심적인 산업 구조로 전개될 가능성이 크며, 이러한 변화에 대한 전략적 이해와 준비가 스포츠산업 발전의 핵심 과제가 될 것이다.

1) 스포츠산업 진흥법

제1조(목적) "이 법은 스포츠산업의 진흥에 필요한 사항을 규정함으로써 스포츠산업의 기반조성 및 경쟁력 강화를 도모하고, 스포츠를 통한 국민의 여가선용 기회의 확대와 국민경제의 발전에 이바지함을 목적으로 한다."

구체적 내용 설명

이 조문은 법의 기본 목적을 규정하는 핵심 조항이다.

스포츠산업을 '경쟁력 강화'와 '산업적 기반 조성'이라는 경제적·산업적 관점에서 정의하고 있다. 특히 스포츠산업을 단순한 체육 활동이 아니라 정책적 지원 대상 산업으로 인식하고, 공식 산업 진흥법으로서 위상을 부여한다.

산업적 의미

스포츠산업 관련 정책과 프로그램은 이 목적 조항을 근거로 시행된다. 예를 들어 산업 지원 사업, 기술 개발 연구 지원, 스포츠기업 지원, 국제교류 사업 등이 모두 이 법의 목적 범위 안에서 추진된다.

2) 국민체육진흥법

제1조(목적) "이 법은 국민체육을 진흥함으로써 국민의 체력을 증진하고 건전한 정신을 함양하여 명랑한 국민생활을 영위하게 하며, 나아가 체육을 통하여 국위선양과 사회통합에 이바지함을 목적으로 한다."

구체적 내용 설명

국민체육진흥법은 스포츠의 사회적·공공적 가치를 강조하는 법이다. 국민 체력 증진, 건전한 여가생활 조성, 사회통합과 국위선양 등 공공적 목표가 조문으로 명시되어 있다.

산업적 의미

국민체육진흥법은 프로스포츠·생활체육·시설·지도자 자격 등 관련 제도의 법적 근거가 된다. 특히 체육진흥기금 제도(아래 설명)는 스포츠산업의 수요 기반과 공간 인프라를 형성하는 데 핵심적인 역할을 한다.

제13조(체육시설의 설치 등) "국가와 지방자치단체는 국민의 체육활동에 필요한 시설의 적정한 확보 및 효율적 이용에 필요한 시책을 마련하여야 한다."

구체적 내용 설명

이 조문은 국민체육진흥법이 체육시설 관련 정책 조치를 정부에 의무화하는 근거가 된다. 시설 확보·이용 촉진은 생활체육 활성화와 밀접히 관련된 법적 명령이다.

산업적 의미

공공·민간 체육시설의 확대는 스포츠 참여 시상을 확대하고, 시설 운영 산업(헬스장·수영장·골프장 등)의 산업적 기반을 강화한다.

3) 체육시설의 설치·이용에 관한 법률

제1조(목적)"이 법은 체육시설의 설치·이용을 장려하고, 체육

시설업을 건전하게 발전시켜 국민의 건강 증진과 여가 선용에 이바지함을 목적으로 한다.”

구체적 내용 설명

이 법은 체육시설업(헬스장, 피트니스센터, 수영장 등)의 설치 기준과 업종 특성을 규정한다. “장려”와 “건전한 발전”이라는 표현을 통해 산업적 진흥 요소도 포함한다.

산업적 의미

시설업 등록, 안전·위생 기준, 지도자 배치 요건 등은 사업자의 시장 진입과 운영의 법적 기반을 제공한다. 시설 관련 산업의 운영 체계는 이 법과 하위 시행령·규칙을 통해 규율된다.

4) 공정성 및 스포츠 범죄 관련 조항 (국민체육진흥법)

승부조작 금지와 처벌 (개정 내용 요지)

“경기 관계자가 부정한 청탁을 받고 경기의 공정성을 해치는 행위를 한 경우에는 5년 이하의 징역 또는 일정 금액 이하의 벌금에 처할 수 있다.”

구체적 내용 설명

이 조항은 승부조작·도박 등 스포츠의 공정성을 해치는 행위를 명백히 금지하고, 형사처벌까지 규정하고 있다.

불법 스포츠도박 신고자에게 포상금을 지급하는 규정도 포함되어 있어 예방적·적극적 대응까지 담고 있다.

산업적 의미

프로스포츠·베팅 산업 등에서는 경기 공정성 확보가 산업 신뢰와 직결된다. 이러한 조문은 리그 운영, 중계권 가치, 팬 신뢰 확보 등에 중요한 제도적 장치로 작동한다.

5) 저작권법 (일반법령)

저작권 보호 원칙

스포츠 중계 영상·하이라이트·기록 콘텐츠는 저작물로서 저작권법의 보호를 받는다.

구체적 내용 설명

중계사의 편집 영상, 경기 하이라이트, 경기 기록 데이터 등은 저작권법상 보호 대상이다. 이를 무단으로 복제·공유할 경우 저작권 침해가 된다.

산업적 의미

중계권 거래, 콘텐츠 개발, 2차 영상 서비스 등 스포츠 미디어 산업의 수익 모델 근간이 저작권 보호에 기반한다.

6) 초상권·퍼블리시티권 관련 법리 (판례 중심)

관련 판례의 법적 취지

선수의 성명·초상은 인격권·재산적 가치가 있는 것으로 인정되어 상업적 이용에 대한 법적 통제가 가능하다.

구체적 내용 설명

판례에서는 선수의 이름·이미지 등을 광고·상품 등에 무단 사용하면 법적 책임이 인정되는 경우를 다수 다루고 있다. 이는 명문법보다는 판례 법리에 의해 형성된 보호 체계이다.

산업적 의미

선수의 IP(지식재산) 활용은 스포츠 마케팅·광고·상품화에서 경제적 가치가 크므로, 법적 보호는 산업 활성화와 권리 정비에 중요한 역할을 한다.

참고문헌

문화체육관광부(2023). 『2023 스포츠산업백서』. 세종: 문화체육관광부.

문화체육관광부(2025). 『2023 체육백서』. 세종: 문화체육관광부.

문화체육관광부(2025). 『2023년 기준 스포츠산업조사 결과보고서』. 세종: 문화체육관광부.

문화체육관광부(2025). 『2023년 기준 콘텐츠 산업조사 결과보고서(콘텐츠산업 통계조사)』. 세종: 문화체육관광부.

문화체육관광부(2025). 『2023년 기준 콘텐츠산업조사_승인통계용』. 세종: 문화체육관광부.

백우열(2013). 『스포츠산업론』. 천안: 남서울대학교출판국.

(사)한국프로스포츠협회. 「산업 성장기반 조성: 2022 프로스포츠 산업 통계 조사(등)」.

서울올림픽기념국민체육진흥공단(KSPO) 스포츠산업 종합정보망. 「스포츠산업통계(스포츠산업조사 결과보고서 등)」.

프로스포츠 정보광장(data.prosports.or.kr). 「프로스포츠 관람객 성향조사 보고서(2022) 자료실」.

Beech, J., & Chadwick, S. (2007). The Marketing of Sport. Pearson.

Billings, A. C., & Hardin, M. (2014). Routledge Handbook of Sport and New Media. Routledge.

Boyle, R., & Haynes, R. (2009). Power Play: Sport, the Media and Popular Culture. Edinburgh University Press.

Fort, R. (2011). Sports Economics. Pearson.

Fung, W. (2013). Performance Apparel Markets. Woodhead Publishing.

Holden, J. T., Kaburakis, A., & Rodenberg, R. (2017). The Future is Now: Esports Policy Considerations and Potential Litigation. Journal of Legal Aspects of Sport.

Howard, D., & Crompton, J. (2018). Financing Sport. Fitness Information Technology.

Hutchins, B. (2016). Digital Media Sport: Technology, Power and Culture in the Network Society. Routledge.

Hutchins, B., & Rowe, D. (2012). Sport Beyond Television: The Internet, Digital Media and the Rise of Networked Media Sport. Routledge.

Lotz, A. D. (2017). Portals: A Treatise on Internet-Distributed Television. Michigan Publishing.

Masteralexis, L., Barr, C., & Hums, M. (2019). Principles and Practice of Sport Management. Jones & Bartlett.

Mullin, B. J., Hardy, S., & Sutton, W. (2014). Sport Marketing. Human Kinetics.

Pedersen, P. M., Miloch, K. S., & Laucella, P. C. (2007). Strategic Sport Communication. Human Kinetics.

Ratten, V. (2016). Sport Innovation Management. Routledge.

Scholz, T. M. (2019). eSports is Business. Springer.

Shishoo, R. (2015). Textiles for Sportswear. Woodhead Publishing.

Smith, A. C. T., & Stewart, B. (2015). Introduction to Sport Marketing. Routledge.

Taylor, T. L. (2012). Raising the Stakes: E-sports and the Professionalization of Computer Gaming. MIT Press.

Watkins, S. M. (2018). Clothing: The Portable Environment. Fairchild.

저/자/소/개

정균근

체육학 박사(운동생리학 전공)
호원대학교 교수
서울경찰청 무도연구지도관
신임경비교육 교수
대한적십자사 서울지사 응급처치강사회
위촉강사

임정일

용인대학교 경영대학원 석사(경찰관리학)
서울경찰청 경무기획과(현)
서울동대문경찰서 형사2과장 근무
울산경찰청 사이버범죄수사대장 근무
울산남부경찰서 수사과장 근무
국무총리비서실 민정실 근무

이경환

한국체육대학교 체육학석사(태권도전공)
가천대학교 체육학박사(스포츠교육학)
KAIST 기술경영학부 초빙교수(태권도)
사단법인 국민행복세상 이사 및 사무국장
세계태권도전문트레이너협회(WTPTA) 이사
태권도 7단, 합기도 4단, 유도 2단

 임성진

네이버 교육인 인물등록
국민대학교 외래교수, 대림대학교 자문교수.
무예신문 지역발전위원회 사무국장.
시사포스트전국취재본부장협의회 사무국장.
시사포스트청소년보호책임자.
용인대학교 체육학사 및 교육학 석사
한세대학교 일반대학원(경찰학박사)
한국경찰복지연구학회 이사, 한국자치경찰연구학회 이사.
한국자치경찰학회 이사.
서울대학교스포츠리더십 최고위과정 1기합격.

상훈
대한민국무예체육대상 폭력예방부문 금상
유엔한국협회 표창장(UNA250713-01)
2023 올해를 빛낸 한국인대상(제2023-037호)
대한체육회장표창장(제2019-3765호)
한국화랑도협회 훈장증(제 훈장-금장-20호)
자랑스런 지도자대상수상(제17-09-07호)

논문 및 저서
경찰고등학교 설립을 위한 타당성 탐색 및 신설방안 -한세대학교 일반
대학원 박사학위논문(2022)
종합격투기 동호인들의 참여 경험에 관한 내러티브 탐구 - 용인대학교
교육대학원 석사학위논문(2019)
종합격투기 동호인들의 참여경험에 관한 내러티브 탐구(KCI등재) - 중
앙대학교 학교체육연구소(제8권, 3호)
자치경찰제도 분석(기고문)-한국자치경찰연구학회(제1권, 제1호)
생활속 범죄예방강의와 실용호신술3-학교폭력편 (2021, 대경북스) -
네이버북 주간 베스트셀러 선정
체포호신술 바이블(2023, 대경북스) -경찰대학김구도서관(소장)
실전 체포호신술(2025, 대경북스)